光の手 究極の コアライトヒーリング（下）

Core Light Healing

by Barbara Ann Brennan

バーバラ・アン・ブレナン

シカ・マッケンジー 訳

河出書房新社

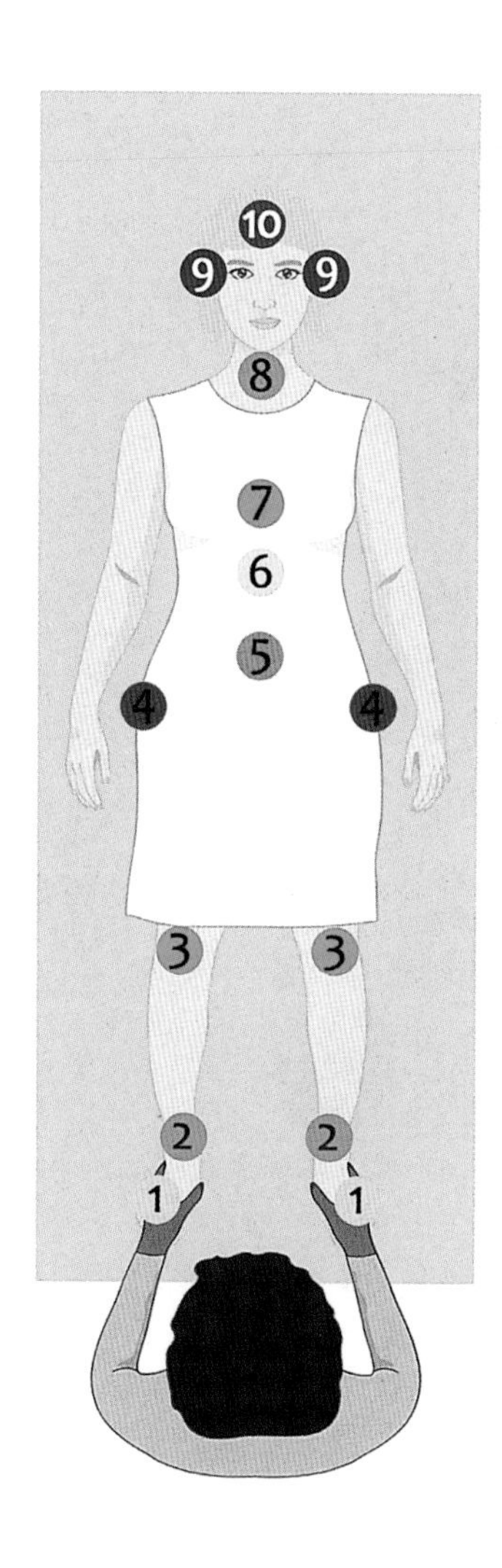

図14-2
キレーションの順序

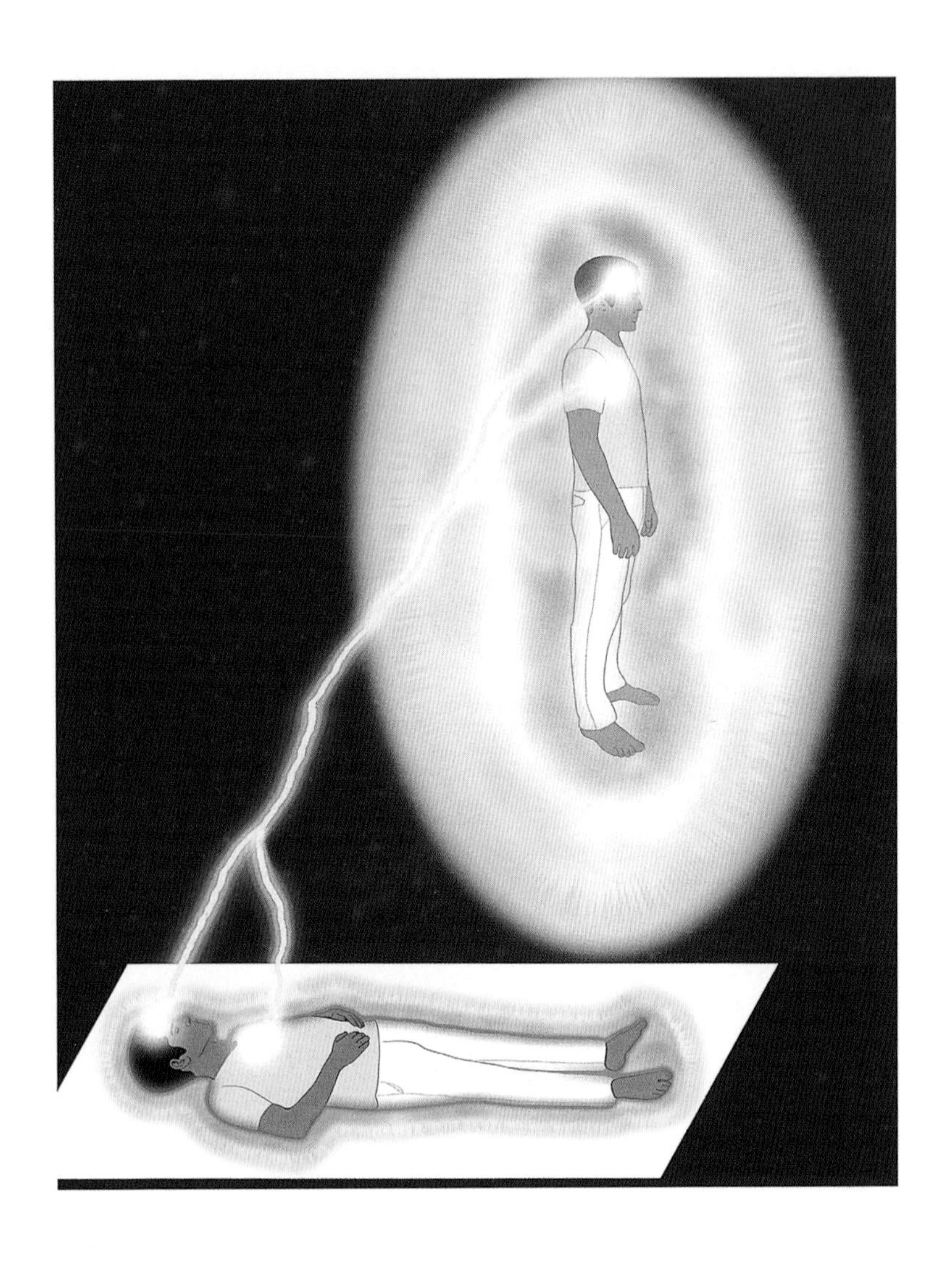

図15-1
アストラルトラベル
シルバーコードが肉体とトラベルをする
アストラル体とをつないでいる

図15-2
肉体が死ぬ時に旋回するHEF

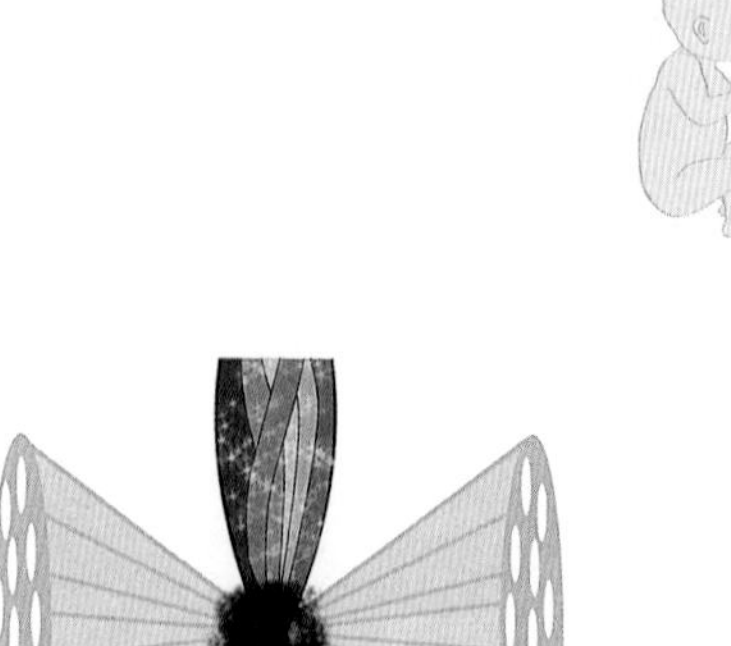

図17-2
ハートチャクラの奥にある濃く暗い
ブロックが受胎を阻害する

図17-1
生まれてくることを望む人と母親とのコード

図17-3
子と両親の関係コード

図17-4a
ドナルドと母親の間の
コードの歪み

図17-4b
ヒーリング後に安堵する
ドナルドと母親のフィールド

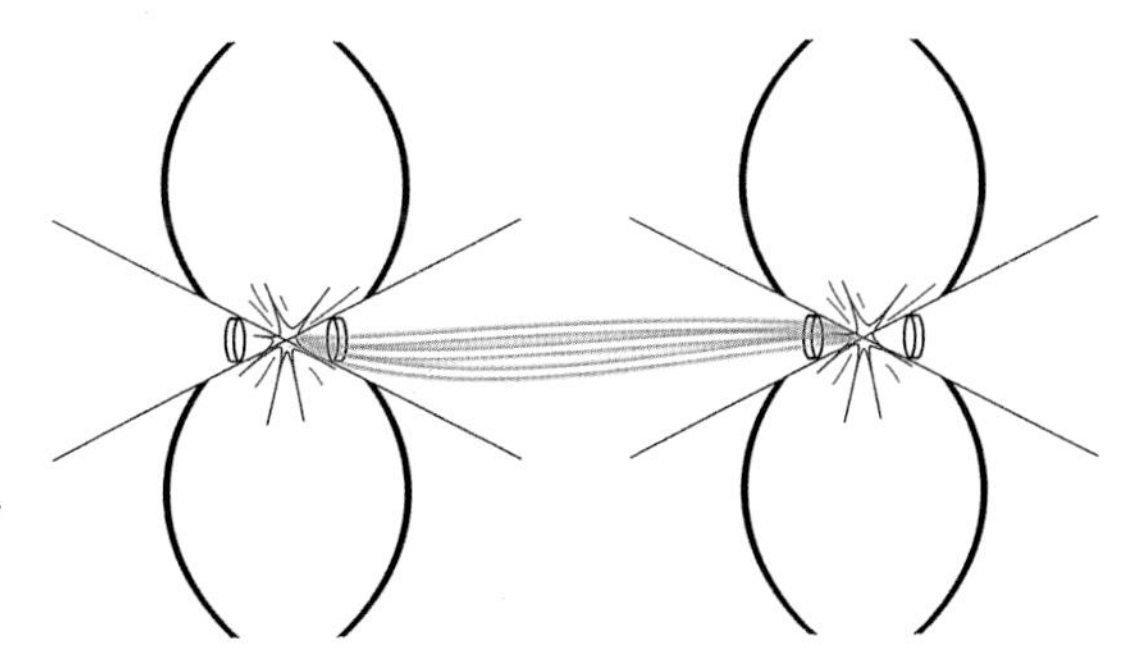

図17-5
健康的なコードとシール

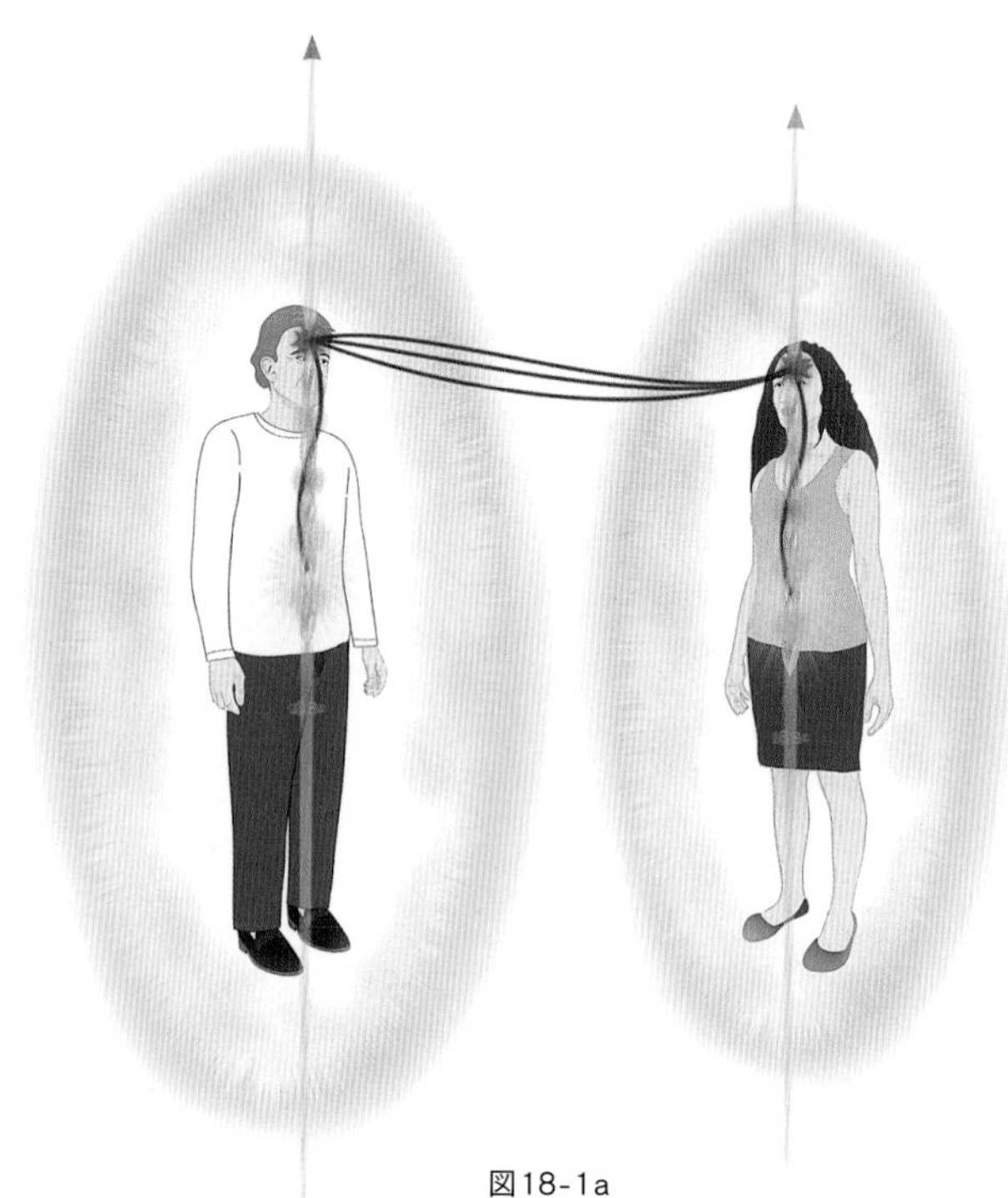

図18-1a
TARによる第六チャクラの損傷がクリアな現実認識を妨げる

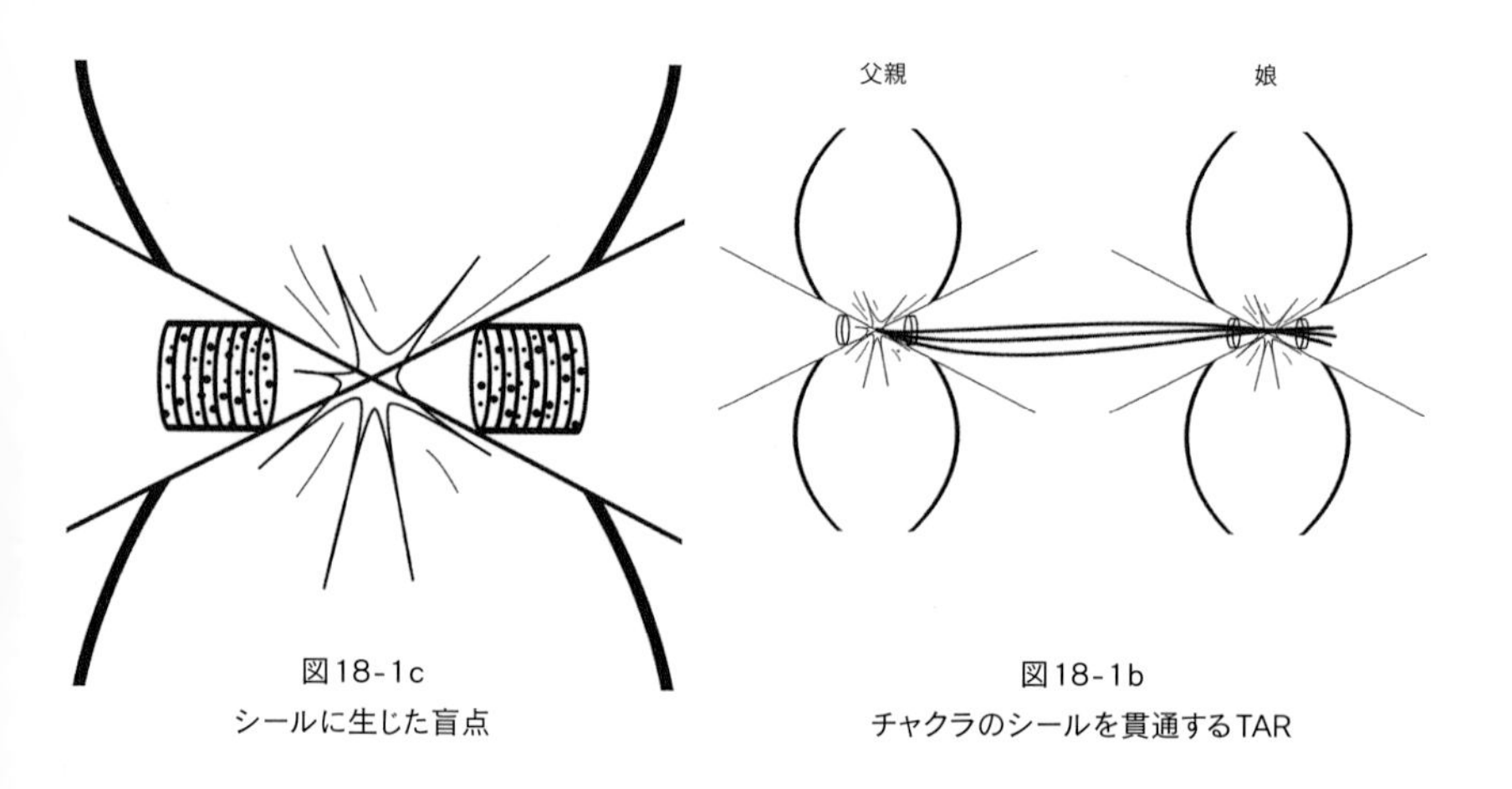

図18-1c
シールに生じた盲点

図18-1b
チャクラのシールを貫通するTAR

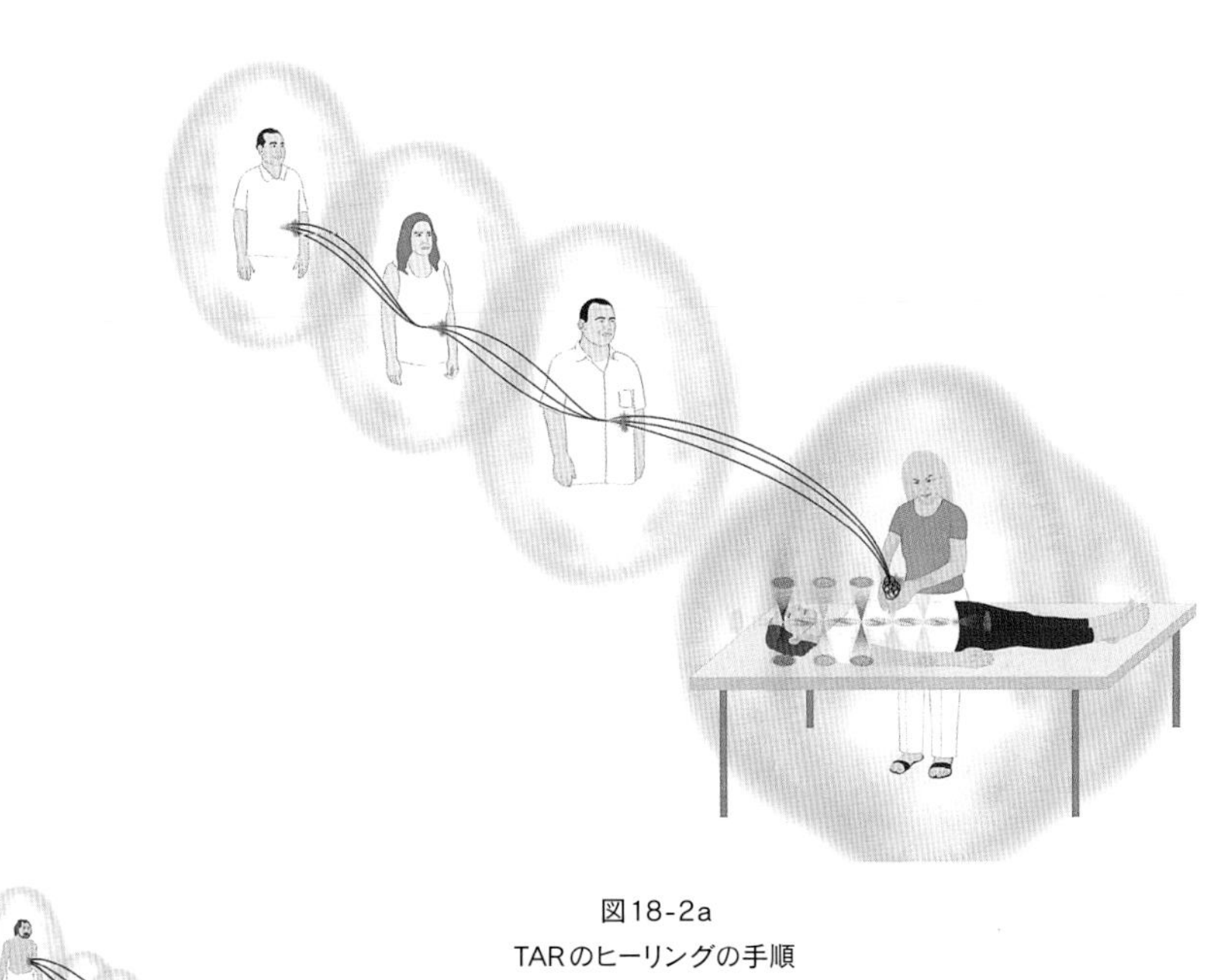

図18-2a
TARのヒーリングの手順
TARを除去するヒーリングの始まり

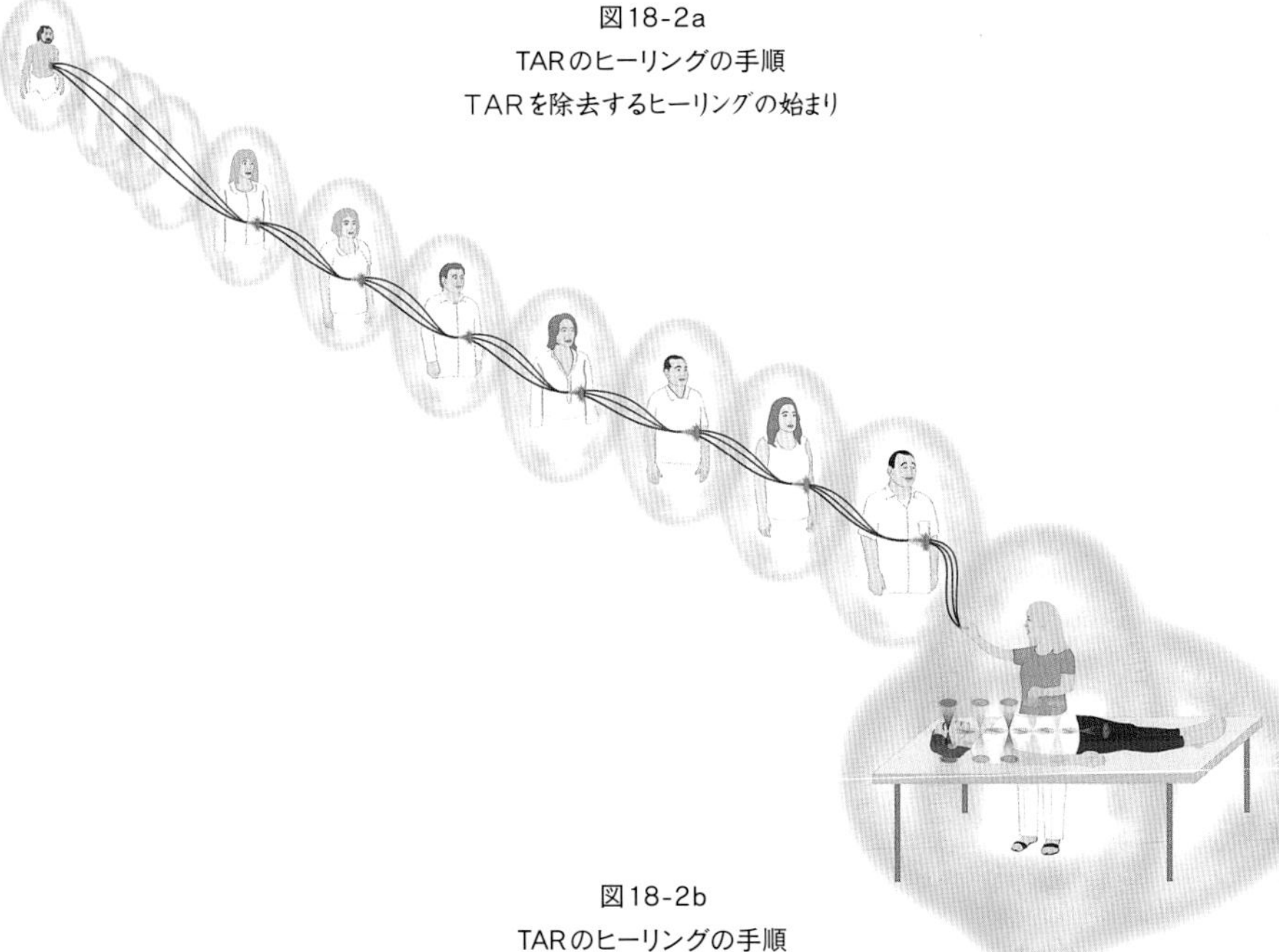

図18-2b
TARのヒーリングの手順
TARのもつれを解く

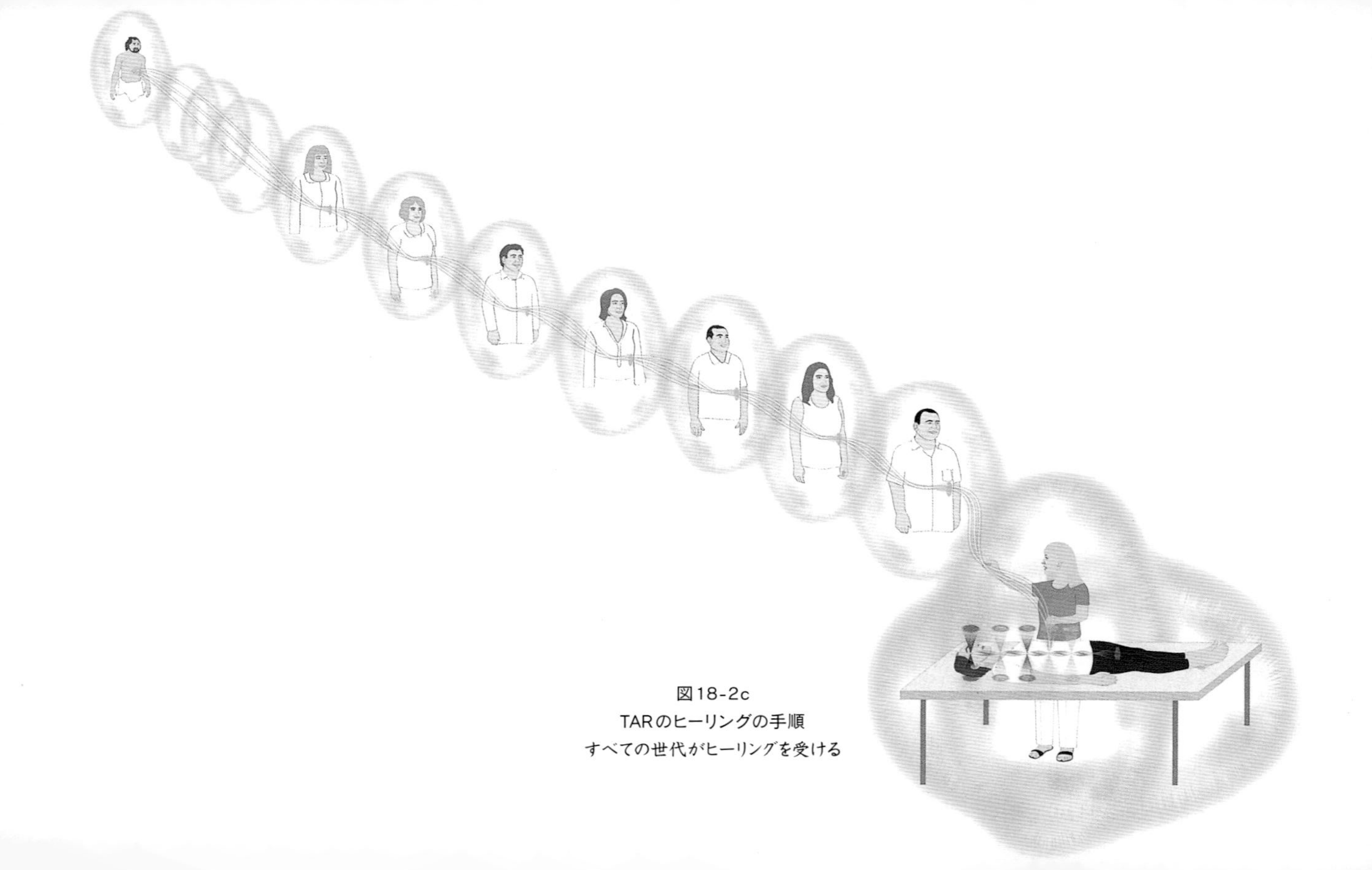

図18-2c
TARのヒーリングの手順
すべての世代がヒーリングを受ける

目次

第二部　フィールドの第四レベルでの創造性の癒し――関係性　7

目次（上巻）

コアライトヒーリング　究極の光の手（下）

第二部　フィールドの第四レベルでの創造性の癒し——関係性

「私たちのプロセスはコアエッセンスから始まります。明らかにする視点から人生と生命の課題を見つめます。コアエッセンスをさらに発展させ、タイムカプセルは内面の輝きを翳らせるものか、あるいは、自分の中で愛だとは思えない部分のロードマップだと言えます」

——バーバラ・ブレナン

第9章　第四レベルのリアリティの物理

アストラル界は物質を超越した世界。
アストラル界の境界線は
物質界と同じではない。
アストラル界の物理も
異なっている。

アストラル界に入ると
非物質的な世界を知覚し、それらの世界と相互の交流が始まる。
第四レベルのリアリティでのすごし方がわかるにつれて
このプロセスが明らかになるだろう。

——ヘヨアン

私は第四レベルのリアリティを長年観察して探求し、また、チャネリングでヘヨアンから情報をもらい、重要だと思う事柄をまとめました。読者の皆さんが自分の体験についての疑問を解き、第四レベルの世界で効率的に動けるようになるための手引きとしていただけたらと思います。
アストラルと言えばネガティブな体験が連想されがちですが、それはアストラル界の基本的な構造や働き方が理解されていないためです。物質界と勝手がたいへん違うのは、この基本的な構造の違いが原因です。ほとんどの人はその違いを知らずにアストラル界に入り、驚きます。仕組みを理解するまでは怖い思いもするでしょう。では、その重要な仕組みを紐解きながら、さらに冒険を続けることにしましょう。

アストラル界の基本構造

アストラル界の観察や体験を試みる時に、私たちはすぐ空間と時間の座標でものを見ようとします。また、そこにあるものは固体か液体か気体か、といった物質の三つの状態に当てはめようとします。しかし、第四レベルのリアリティには物質界の空間や時間の概念がなく、物質も三つの状態のようではありません。原子や素粒子の知識を使っても理解は不可能です。基本構造に固体や液体のような形はありません。気体や分子や原子のような動き方もしません。これらのどの観点からも理解できない動きをします。

アストラル界の基本構造には
形はまったくありません！
物体や存在は固体ではありません！
大きさや形状や色などが
ずっと同じ見え方をしているとは限りません！
ほら、まったく違いますね！

アストラル界の扱いを習得する際には、この違いに慣れることが必要です。

第四レベルのリアリティあるいはアストラル界の物理

それでは第四レベルのリアリティの世界の機能と、物質界との違いを見てみましょう。第四レベルのリアリティの世界の物理の特徴をリストに挙げておきます。あなたの体験と照らし合わせると、アストラル界での方向性がわかりやすくなるでしょう。ここに挙げることをしっかりと理解しておいてください。そこに入ったら自分で対処しなくてはなりません。アストラル界にはしっかりした地面もありませんから、走って逃げることもできません。

アストラル界についての27項目は次のとおりです。

1. アストラル界の基本構造は想念の事象で作られています。それらは物質界で起きた出来事か、想像によって思い描かれたことです。
2. 想念の事象には時間や場所、背景となる景色、物体（オブジェクト）や存在（ビーイング）が含まれます。
3. 私たちはみな個人や集団として第四レベルで共同創造をし、物質界で実現させます。物質界で創造されることはみな第四レベルを経ています。それが創造のプロセスです。
4. 思い描かれた事象は起こり得る未来のこととして創造のプロセスを進めます。じゅうぶんな人数がそれに集中すれば――特に、感情を注げば――実現の可能性が高まります。物質界で感情的なエネルギーを高めて強いパワーで後押しすれば、願望を実現させるための視覚化をしていることになります。第8章（上巻）のノイズ帯域の項を参照してください。想像されることの多くはまだ解決に至っておらず、クリアリングが必要な事象です――個人や集団のプロセスで変容させるか、じゅうぶんな集団が集まり物質界で実現するかのいずれかになるでしょう。

5. 視覚化は具体的に、はっきりとした目的意識をもってなされ、物質界での実現に足るほどの力を集めます。この時に思い描かれている事象の意図にはポジティブなものもあり、ネガティブなものもあります。

6. 事象が実現するには、その第四レベルのリアリティの世界（アストラル界のサブワールド）を作る存在全員の集合的無意識が臨界点に達する必要があります。

7. 第四レベルのリアリティの空間の性質は、その事象が起きたか、あるいは起きると想像された空間と位置を作る意図とエネルギー意識によって決まります。

8. 「類は友を呼ぶ」法則に従い、原型となる信念体系と意図の周囲にそれと似た事象が集まります。これが第四レベルのリアリティの世界の構造となります。それぞれの原型をサブワールドと捉えることも可能です。

9. サブワールドの物理はそこに住む存在と、そのエネルギー意識がもつ信念によって決まります。たとえば、そこにいる全員が地上に立っているようなら、そこには「引力」のようなものがあるとみなせます。引力がないワールドでは全員が宙に浮いています。どのアストラル・ワールド／サブワールドも光と色が異なっています。

10. アストラル界での時間は物質界とは大きく異なります。物質界には「時間の矢」と物理学者らが呼ぶ概念があり、時間は止まることなく未来へ進みます。また、一人ひとりが独自の体験をして、時が経つのを速く感じたり（楽しい時など）、遅く感じたりします（退屈な時など）。また、大きな音がしたり、恐怖でショックを受けたりすると時間が止まったように感じます。運転中に急ブレーキを踏んで視線が惑う瞬間などは、まるでスローモーションのようでしょう。一方、アストラル界の時間は未来へと時系列どおりに進むとは限りません。時間の進退や停止はそのワールドを作る存在次第です。時間というものを知らない者たちが作った世界や、時間のことなど考えたこともない者たちの世界では、そもそも時間というものが作られないでしょう！

11. アストラルの時間は空間と密につながっています。なぜなら、アストラル界は想念の事象でできているからです。物質界での私たちは時間に包まれた空間で生きており、その時間は未来へ進み続けます。アストラル界ではその空間が時間を決めて包みます。私は親友と一緒にギリシャを訪ねたことがありました。アテネでアクロポリスの遺跡を見ていて、二人とも号泣してしまいました。そこに包まれた古代の時間の光景として、都市に攻め入る軍勢が見えたからです。このような場所にはいまだに解消されていない事象が空間の中にあるため、心が痛みます。

12. アストラルの空間にある過去の物理的な事象は個人や集団のプロセスによって解消が可能です。クリアーになった瞬間に、事象のエネルギー意識は大きなワンネスに統合され、彩りと愛にあふれた生命の大海原のような体験をもたらします。創造のプロセスはコアエッセンスに帰結し、さらに豊かなコアエッセンスの創造につながります。

13. アストラル界に入って行き着く場は、あなたが自分の意図と思考と感情によって——まったく無意識かもしれませんが、引き寄せられた場です。何かが強く無意識にある時や、思考や感情が曖昧な時は、それ相応の空間に引き寄せられます。意識を体外離脱させて探索をする場合も自分に合った領域に行くでしょう。麻薬の過剰摂取によってアストラル界に入る場合も同様です。死に至る場合も、その時の錯乱した精神状態に釣り合うアストラル界へと行くことになるでしょう。

14. 移動や動きは精神の集中の度合いとエモーションまたはフィーリングの強さで決まります。第四レベルのリアリティの世界をトラベルしたければ、しっかりと意図を立て、思考を研ぎ澄ませ、行きたい場所へのフィーリングの流れを感じましょう。自分を宇宙船にたとえるとよいでしょう。あなたのフィーリングは宇宙船の燃料であり、思考は案内システムです。強い感情がなければトラベルは難しくなります。思考をどこに向けるかで行き先が決まります。一点に集中し続けるのがアストラルトラベルの難しいところで、集中がブレるとすぐに方向が変わります。物質界のように物事の展開を遅くするものはありませんから、あなたのフィールドがクリアーで、感情や思考がしっかり制御できるほどベターです。アストラル界では物事は原因と結果よりも速く、瞬時に起こります。

15. あなたのフィーリングは意図によって即座に切り替わります。行く「意志がある」という場合の意志とはたいてい二元的な、無理な流れですからうまくいきません。自分の思いどおりにしようとすれば、逆にあなたを思いどおりに支配しようとする信念体系領域にトラベルしてしまう可能性があります。

16. アストラル界では境界線が柔軟です。物質界のように構造的には決まりません。アストラル界での境界線は物質界での境界線とは異なります——ただし、あなたが物質界と同じだと信じる場合は同じになります。

17. 形状や外見はあなたの視点によって一瞬ごとに決まり、一瞬ごとに変化します。私がヒーラーになりたての頃、クライアントの人々の中にさまざまなアストラル界の存在が見えたので、彼らの生体エネルギーフィールド（ＨＥＦ）に入って取り出そうとすると、それらは形を変えてするりと逃げていきました。肉体の形状は変わりませんから、奇妙な感じがしました。

18. エネルギー意識は無限に拡大したり、小さな空間にぎゅっと詰まったりします。そのために、いくつものエネルギー意識が重なって一つに見える時もあります。物質界での肉体の形は一定ですが、

19. 何をどう知覚するかは、見る人自身のエネルギー意識の明断さと周波数によって決まります。アストラル界に住む存在はあなたと接点を持とうとしてある姿になるか、あるいは存在自身が信じる自己像となって現れます。

20. 一度つながると、以後はずっとつながります。そりが合わない相手とつながると、かなりの余波を受けます！

21. 物質界では太陽光の反射でものを見ますが、アストラル界での光は物体や存在から放たれます。この光には物体や存在についての情報が豊富にあります。特に、低次の領域にある地獄のような世界は暗く、そこにいる存在がまったく光を放たないことがわかります。

22. 第四レベルのエネルギー意識を物質界のものに注入することができます。容器に保存するようなものです。

23. 上と下は空間の中で、バイブレーションの程度や明るさで決まります。バイブレーションが高いほど光は明るくなり、あなたがいる位置も高くなります。

24. 善と悪もバイブレーションと明るさと意図によって決まります。（存在の大小の）サイズは関係ありません。

25. パワーは周波数や強度や明晰さ、一貫性、フォーカスで決まります。

26. 第四レベルのリアリティのパワーが何の力かは思考の焦点（はっきりした思考）で決まります。それに対して感情が高まれば思考が決めた目的、つまり、正確な意志の燃料となります。私たちの三つの側面——理性と感情と意志——の活用と相互のバランスも大切です。バランスがよければ意図に従いやすくなります。また、意図がはっきりしているほど、理性と意志と感情のバランスもよくなり、ホリスティックで健康的な結果につながります。

27. 宙に浮かぶようにして階段を下りる夢や空を飛ぶ夢など、睡眠中に見る夢の多くは第四レベルのリアリティの体験です。

低次の第四レベルのリアリティから出る方法

第四レベルのリアリティの探索中や夢を見ている時に、そこが低次の世界だと気づく時もあります。特に、第四レベルのヒーリングの技法を学び始める時がそうです。独学しようとせず、必ず経験豊富な教師の指導を仰ぐようにしてください。そして、低次の第四レベルのリアリティから出る方法を知っておきましょう。というのも最初の数回は、たいてい、非常に怖い体験をするからです。第四レベルの中でより高い範囲に上昇できるように、次に挙げる方法を練習しておきましょう。

1. 瞑想をしてHEFの第三レベルと第五レベルの間に橋を架けます。スピリチュアルな第三レベルと第五レベルの間に架け橋を作るのです。この瞑想を習慣的にし、ワークをする前にもおこないましょう。まず第三レベルと第五レベルを感じ、見て、知ってから、二つの間を移動する練習をしてください。このリストの中で、これがおそらく最も難しいでしょう。
2. 光に従います。光の中に入ります。
3. 祈りの言葉を唱えます。スピリチュアルなリーダーやあなたが信仰する宗教の神、あるいはあなたが最も深いつながりを感じる宗教的な人や物の名前を呼びましょう。それらは神で、スピリチュアルな世界に存在しています。

4．ガイドかグル、スピリチュアルなリーダーを呼びます。
5．HEFの第七レベルで自分の周囲に白いシールドを作って保護し、恐怖を乗り越えます。初めての時は難しいでしょう。練習が必要です。
6．「キリスト／仏陀／ヤハウェの名において立ち去れ」と命じます（あなたがつながりを最も深く感じる宗教／スピリチュアルな指導者の名前を使ってください）。
7．歌劇『ヘンゼルとグレーテル』の「夕べの祈り」も役に立ちます。

結論

第四レベルのリアリティには強い思考や信念が形になって現れます。私が好きな映画の一つ『禁断の惑星』にもそれが表現されています。この映画では、宇宙旅行者たちが惑星に置き去りになり、そこで年取った科学者とその美しい娘に出会います。父娘は前に着陸した宇宙船の、たった二人の生存者でした。喜びも束の間、宇宙旅行者たちはその惑星の危険さに気づきます。夜に鋼鉄の壁を立てておかないと、謎の怪物に襲われるのです。

宇宙旅行者の一人が科学者の娘と恋に落ちますが、怪物の襲撃はますますひどくなってきます。しばらくして、みなは地下に巨大な機械／コンピューターを見つけます。それは年取った科学者のご自慢の装置であり、彼自身の思考によって制御できるとのこと。みなは感心しますが、目に見えない謎の怪物の襲撃は止まりません。必死の攻防が続いた挙句、怪物とは科学者のイド、つまり潜在意識の権化だとわかります。「イドから生まれた怪物だったのか」と彼らは驚きます。科学者が戦いで命を落とすと怪物は消え、機械は壊れます。

第四レベルのリアリティもこれに似ていますが、機械やコンピューターはなく、ただ作用をします。特に、私たちの無意識下にあることには気づきません。それを意識するようになり、いかに生体エネルギー意識体系（ＨＥＣＳ）で現実を体験しながら創造をしているかに気づけば、自分で問題をどう作り出しているかがわかります。

第9章の復習　第四レベルのリアリティの世界を理解する

1. 第四レベルのリアリティの世界についての項目をよく読みましょう。あなたが自分の体験について、かつてしていた解釈と比べてみてください。次に、「第四レベルのリアリティもしくはアストラル界の物理」の内容と照らし合わせて解釈をし直してみましょう。
2. 一つひとつの体験から何を学びましたか？
3. 第四レベルのリアリティの世界でのいやな体験や怖い体験を列挙してください。
4. 第四レベルのリアリティの世界から出たい時、あなたにとって「低次の第四レベルのリアリティから出る方法」のどれが最も役立ちますか？

第10章　第四レベルにおけるその他の現象――アタッチメントや埋め込みと地球外生命体

アストラル界の物体と存在を取り払う時は
一秒たりとも迷わずに
つながりを失わずに
ずっと無条件の愛を保つこと。

これはとても難しい。
もしも怖いと感じたら
すべては前の状態に逆戻り。
ヒーリングは一からやり直し！

――ヘヨアン

第四レベルのリアリティの仕組みが理解できました。この章からは第四レベルのリアリティ（アストラル）の現象の種類を挙げていきましょう。遅かれ早かれヒーリングルームで遭遇するものです。では、最もシンプルなものから始めます。それはアストラルアタッチメントです。

フィールドの上や中にあるアストラルアタッチメント

ここに挙げる問題に取り組む時は、まず、アストラル界がエネルギー意識でできていることを覚えておいてください。アストラル界に入る時に自覚しておくことが大切です。

アストラル界では「類は友を呼ぶ」法則が物質界よりはるかに強く、すばやく働きます。あなたの思考や感情や信念が物体や存在を引き寄せます。それらはあなたのフィールドに取りつき、あなたのものと共通する信念を強化しようとします。これらはアタッチメントと呼ばれ、通常はあなたの生体エネルギーフィールド（ＨＥＦ）の第四レベル（アストラルレベル）に取りつきます。第七レベルの外側にくっつくこともあります。その他のレベルにいるのを私は見たことがありませんが、第四レベルに取りついたものは第二レベルをはじめ、他のレベルにも影響を及ぼします。

いざこざが絶えない人間関係があれば、あなたはそうしたアタッチメントを引き寄せてしまいます。かつて私にもありました。アタッチメントはあなたにもっと争わせようとし、あなたと相手のネガティブなエネルギーを糧にして大きくなります。争いで放出されたネガティブなエネルギーが燃料となり、お互いがさらに険悪になります。常にネガティブなエネルギーが漂い、新たな争いの火種に油を注ぐのです！

こうしたアタッチメントをクライアントのフィールドから取り除くのは簡単です。無条件の愛をあなたの内面や手に保ってそっとアタッチメントをつかみ、光に向かって持ち上げるだけです。光に昇華させると変容します。アタッチメントには過去生から持ち越した武器などの物体や存在などもあります。

アストラルパワーの性質

第９章で述べたように、アストラルパワーは思考の集中力と目的を貫く意志の力、そして強い感情のエネルギーから生じます――つまり、理性と意志と感情の三つの側面を使うのです。このパワーはポジティブにもネガティブにも働きます。人を助ける方向にも傷つける方向にも、あるいは支配する方向にも働きます。同じ法則がどちらの方向へも働くのです。

ネガティブなアストラルパワーは個人や集団の間で常にやりとりされています。そのパワーは物体にも宿ります。誰もが無意識に、あるいは半分意識的にそのようなことをしています。わざと楽しんでやっている時もあるでしょう。誰かと電話で口論をして怒り、乱暴に電話を切ったことはありませんか？あなたの怒りはどこへ行ったでしょうか？　怒りのエネルギーは電話の相手だけでなく電話機にも向けられます。誰がそのエネルギーを受け取るかといえば――その後でその電話を使う人です！　あなたの耳は大丈夫でしょうか？　わざと誰かの悪口を言ったことはありますか？　あなたの怒りのエネルギー意識はどこに行ったでしょうか？　そうです――あなたに悪口を言われた人に向かいます。相手が地球上のどこにいようといまいと関係ありません。悪意を向ければ向けるほど、その力は強くなります。癖や習慣と同じです。あなたはエネルギー意識の通路を作り、そこを通らせているのです――あなた自身の意識体系を通して、また、何度も悪口を言っている相手に対しても。一つのアクションをすれば、それに等しいリアクションが返ってきます。やがて相手もリアクションをし始めます。電磁波のフィールドなら距離をとればよいですが、この種類のエネルギー意識はいくら離れても弱まりません。

アストラルパワーは意図によって二元性か調和かが決まる

アストラルパワーの源は感情ですが、感情の力を使うには的を絞らなくてはなりません。そこで明晰な思考や理性が必要になります。ターゲットは人でも物でもかまいません。ハラから生まれる意図の力をそれに加えると、パワーはさらに強くなります。

何かと戦おうとしている時、その人の意図は分裂しています。自分をポジティブな意図で捉える反面、他者をネガティブな意図で見ているのです。物事を善悪で見ている時は必ず二元性にとらわれています。その状態では意図が分かれているため、クリアーでポジティブな意図ほど強くはなれません。

お守りや護符：お守りや護符などにはアストラルパワーと意図が込められています。ですから、どんな物体でもお守りや護符にすることができます。パワーを込めることにより、そのパワーの源になります。何かに対する守護の品も作れます。こうした守護の品物は儀式によって作られています。自分のためだけでなく他人のためにも作れますし、はっきりとしたポジティブな意図のパワーを込めることも、危害を加えるためにネガティブで二元的な意図を込めて作ることも可能です。

広くなされている「ポジティブな」儀式として、日の出と共に水晶を炎にかざす儀式があります。コアへの癒しの道を歩むため、といった意図を立てておこないます。ポジティブかネガティブかは目的によって決まります。この水晶の儀式は古代の北米先住民のもので、ポジティブな目的を思い浮かべ、朝日が昇ると同時に目的を三回唱えながら水晶を炎にくぐらせます。私はずいぶん前に、方法を教えてもらいながらこの儀式をしたことがありますが、とても感動的でした。

けれども、あの頃の私は、わが道に反対するものがあるとは思っていませんでした。私のまわりに敵なんていない、と思っていたのです。もちろん、今は、敵が現れたと思う時は必ず自分の内面にある敵と向き合う試練だと理解しています――これが「私」だと自分が思っているものから疎外している部分がある、ということです。儀式から糧を得るには、そこまで深く掘り下げることが必要です。敵は外にいるのではなく、私たちの中にいます。それを浄化して内面に融合できた時、外から向かってくるものに対処できるようになるのです。

ヒーリングの基本は内面の分離を癒すことです。それを覚えている限り、自分の外側に見える二元性は単に自分の二元性を映し出しているに過ぎないとわかるでしょう。

アストラル界の物体：私の体験

現代や古代の儀式の影響とインプラント：クライアントに埋め込まれたインプラントを初めて見た時、私は驚き、自分の目を疑いました。この女性クライアントの心臓の上に楯があったのです。古代の女神信仰のものだとヘヨアンは言いました。当時は神といえば女神であり、楯は女神への忠誠を誓わせるものでした。男性に恋をしてはならず、神殿を守る戦士として永遠に処女でいなくてはなりません。

このヒーリングは興味深かったです。まず、私はヘヨアンの指示に従って楯を取り除きました。その跡にはいろいろな苦しみのために粘液状のエネルギーがたまっていたため、クリアリングをしました。次にシルバーの光で傷を焼灼（しょうしゃく）し、プラチナの光でも焼いて固めました。それからフィールドの第一レベルから第七レベルまでの損傷部分をすべて再構築し、フィールド全体を整えました。

ヒーリングを終えてからしばらく経った後、私はこの女性が異性関係の悩みを訴えていたのを思い出しました。五人の子どもは大きくなっていましたが、彼女は男性と安定した関係がもてず、結婚と離婚をくり返していたのです。ヒーリングの後、彼女は一年と経たないうちに再婚しました。

私は他にも、古代エジプトの宗教儀式用のスカラベや、やや後の時代のアフリカや北米先住民族の昆虫など、何らかの意図で大昔に埋め込まれた物体をたくさん取り除きました。これらは力を授けるためか、害を与えるためのものです。アトランティス大陸時代のものと思われる水晶も見たことがあります。

儀式用の短刀も見たことがあります。自称チベット出身の若いグルが弟子たちの第三の目に刺したのです。しかし、このグルにはアストラルレベルの異物を取り除く意図はなく、ただ無知なだけでした。彼は一九七〇年代半ばにワシントンD.C.でオートバイを乗り回していたことで有名でしたが、私は面識がありません。彼は多くの弟子たちに霊性開眼の儀式をしていましたが、エネルギー的には第三の目（第六チャクラ）を裂き、チャクラの中のシール（封）を傷つけていたのです。みな超感覚的知覚のコントロールを失い、アストラルレベルとアストラルビジョンは歪んでいました。また、ひどい心霊体験に悩まされていました。

彼らは私のことを聞き、助けを求めて続々と訪れました。私は彼らの第六チャクラと中のシールを修復してふさぎ、恐ろしいビジョンを止めました。みな自分のフィールドや第六チャクラを流れるエネルギーが調整できなくなっていたのです。第六チャクラのシールを再び開くだけのエネルギーが得られれば、物質界にもふさわしい、健康的なビジョンにフォーカスできます。ヒーリングでチャクラとその中のシールを修復すると、奇妙なものが見えて困るという状態は自然に解消しました。

彼らの他にもアストラル界に関わることをした後でヒーリングを求めてきた人々がおり、みなフィールドのいろいろな場所にさまざまな物体がありました。それらはたいてい古代や現代での儀式で置かれたものでした。

アストラル界の存在：私の体験

自分の欲求不満が引き寄せた存在：私に第四レベルのリアリティの存在が見え始めた頃に、膵臓の不調を訴える女性とセッションをしました。彼女の身体の痛みは慢性的だったため、膵臓内部のＨＥＦの第四レベルをクリアリングしていると、そこにギリシャ神話の怪鳥ハルピュイアの巣と雛が見えました。私がびっくりしてガイドに助けを求めたのは言うまでもありません。ガイドたちは私に「雛をそっと一羽ずつ捕まえて光に戻しなさい」と言いました。そうしようとすると、雛に指を噛まれてしまいました。

するとガイドは「両手と指に無条件の愛のエネルギーを保ちなさい」と言いました。そうすると、うまくいきました。雛たちは巣から追い出されたくなかったのでしょう。雛をやさしく光に変容させて、巣も光に変えました。光に上昇させるといびつな形は溶け、雛は白い鳩になりました。

ガイドは私にヒーリングの続きを教えてくれました。傷跡にたまった膿や毒素を清め、第四レベルにふさわしいエネルギー意識をチャージするのです。その後、他のレベルも含めてフィールド全体をクリアーにし、ヒーリングを終えました。

クライアントに少し休んでもらった後で、私は自分に何が見えたかを伝えました。彼女もヒーラーでしたから、こうしたことが話せます。その後、数週間のうちに、彼女は甘い物を食べ過ぎるのを徐々にやめ、母親の愛情不足を糖分摂取で紛らわせる傾向に取り組むセッションを受けました。ハルピュイアの雛は母親を求める気持ちや幼少期の欲求不満や怒りの表れだったのです。第四レベルのリアリティの存在は自分が思い描く自己の姿で現れ、「類は友を呼ぶ」法則に従って自分に似たものに引き寄せられます。怪鳥の雛たちもそうやって彼女の膵臓に宿ったのでしょう。

「怪鳥の雛を取り除くと白鳩に変わったのよ」と私が彼女に言うと、ヘヨアンは身を乗り出してこう言いました。

最初から、ずっと鳩だったよ！

膵臓の中の雛はクライアントの無意識の欲求や怒りによって作られたものでした。自分で作り出したとも言える反面、引き寄せたとも言えますし、どちらも当たっているかもしれません。ここで注意していただきたいのは、母親がちゃんと育児をしていたかどうかは問題ではないということです。母親からの愛情が足りないとクライアントが無意識に結論づけていることの方が重要です。セラピスト／ヒーラーの意見も除外します。クライアントは自分が何を真実だと思っているかに気づき、自分自身でその事実を解決するためにセラピストのサポートを得るのです。ヒーラーがＨＥＦの再構築をして解決を援助すると、パワフルな回復が望めます。クライアントは自己肯定感の低さや自分は「悪い」という批判を捨て、自分を大切にするようになり、それが困難な時でも自分を責めないようになります。

　心理的な問題がアストラルレベルに生じさせるものはただの思い込みではありません。エネルギー意識の形体としてフィールドにブロックを作り、ネガティブなパターンを定着させ、創造のプロセスを妨げます。

　ファンタジー：アストラル現象を扱う時には、本物のガイドとそうでないものとを見分けることも必要です。あまり発達していないのにガイドのふりをする存在や、人間と接触したいだけの存在もいるからです。ある女性の事例を挙げましょう。彼女は社会性に乏しく、自分のことも疎（おろそ）かになっており、スピリチュアルガイドと名乗る複数の存在を引き寄せていました。彼女は「ついにガイドが現れた！」と大喜びでセッションに来ましたが、私が見たところ、彼らはダークで形もしっかりしておらず、騙そうとするようなネガティブな意図がありました。私は彼女の現実認識の乏しさが気がかりになり、このダークな存在たちを光に送った後で状況を説明しました。それから、心霊現象の話を抜きにした「普通の」セラピーのセッションをしました。これはとてもよい効果を生みました。彼女には心霊的な体験に没頭するよりも、実生活を充実させることが先決でした。空想に逃げず現実に意識を向けるように促すと、彼女は物質界での生活を見直すようになりました。

第四レベルのリアリティのアタッチメント——黒いカーリー：私はニューヨークで十五年間セッショ

ンを続けた後、フルタイムでヒーリングを教える教師に転向しました。ちょうど、その切り替わりの時期でのあるセッションで、私は黒い女神カーリーを初めて見ました。カーリーとはヒンドゥー教で破壊や殺戮(さつりく)の相を表す女神です。この女性クライアントは多発性硬化症を患っていました。ヒーリングが終わる頃に私に見えたのは、彼女のフィールドの第七レベルに爪を立て、鋭い牙で噛みつく黒い女神カーリーの巨大な姿でした。取り払おうとしましたが、なかなかできません。手に負えないとクライアントに伝え、チベット仏教か極東の文化を知る人に見てもらうように勧めました。その後、彼女は転居をし、消息はわかりません。

人間とアストラル界の存在とのジョイントセッション：第四レベルのリアリティの存在に慣れてくると、私はその存在たちと物質界にいる人たちとのジョイントセラピー／セッションをするようになりました。物質界で二人の間をつなぐのと似ています。事例をいくつかご紹介しましょう。通常、第四レベルの存在が肉体をもつ人の前に現れる時は、その人に何かを求めています。物質界で存命中に果たせなかったことをやり遂げたいか、自分は「亡くなった」が第四レベルのリアリティの中で生きていると伝えたい場合が多いでしょう。肉体を離れた後も関係が手放せない存在もいます。その興味深い実例をお話ししましょう。

私がまだパスワークセンター（後にセンター・フォー・ザ・リビング・フォースに名称変更）に住んでいた頃の話です。オランダでパスワークのメンバーにコアエナジェティクスの集中セッションをした時に、ある女性がやってきました。彼女はたった二週間ほどの間に二度も死にかけたというのです。仮に名前をクララと呼ぶことにします。奇妙な事件が起きる数週間前、クララの祖母が亡くなりました。おばあちゃんっ子だったクララは悲嘆に暮れましたが、亡き祖母の存在を身近に感じ、コンタクトができました。ただ困ったことに、祖母はクララをあの世に呼び寄せたがっていました。二週間前には「三階の窓際においで。そこから飛び降りるのよ」と祖母に言われたそうです。いくら祖母が恋しくても死ぬわけにはいきません。クララは窓辺で逡巡し、部屋の中に戻りました。すると、また事件が起きました。クララは入浴中にガス中毒で死にかけたのです（原因不明のガス漏れでした）。また祖母に呼ばれたのだと彼女は言いました。

私は一週間の集中コースで毎日彼女とセッションをしました。ベールの向こうの世界にいる祖母を交えたジョイントセッションです。

最初はまず、対話です。私とクララは超感覚的知覚を使います。彼女と祖母とが現世での関係を完了させるために、言うべきことを言うのです。日ごとにゆっくりと対話は進み、最終日のセッションで祖母は去って行きました。お互いが関係を手放すと、クララの祖母は部屋の隅の明るい光へと上昇しました。その後、怪現象は起きなくなりました。

それ以来、私のセッションには似たようなものが増えました。クララの例ほど強烈なものはなく、大半が簡単なコンタクトで済みました。いわゆる故人が物質界にいる人に「自分はまだ生きているから安心して。普通とは違う現実の中にいる」と伝えたいだけだったからです（また、多くの故人が「こちらは物質界よりはるかにいい」と言っています）。

第四レベルのリアリティの子どもたち：第四レベルのリアリティと物質界とで長続きする関係で最も多いのは、亡くなった子どもと両親――特に母親との関係です。第四レベルのリアリティにいる子どもはずっと家族の一員であり、他のきょうだいたちと同じように育ちます。母親はたいていそれに気づいています。ひそかに亡き子とコミュニケーションをしていると私に打ち明ける人もよくいます。

肉体をもって生きている子どもはよく第四レベルのリアリティの遊び友だちを作ります。ただの空想のように見えますが、第四レベルのリアリティが見える人にはその友だちの存在が見えています。ヒーラーの子どもによく見られます。

第四レベルのリアリティと実生活との関連性：ある外国から新しいクライアントを迎えた時に、たいへん面白い体験をしました。この時には私はもう、人々がガイドなどの存在を連れてくるのを見慣れていましたが、この女性クライアントは妙でした。彼女が部屋に入ってドアを閉めた数分後、第四レベルのリアリティの男性たちが三人、ドアを通り抜けるようにして入ってきたのです。彼らは黒いスーツをきちんと着て、それぞれが別の方向をじっと見ています。ヒーラーがいる部屋に入って戸惑ったのか、恥ずかしそうにしています。私は不思議に思いました。この場に現れる存在はすでにヒーリングの一部であり、ヒーリングを手伝いに来た存在（過去にクライアントの霊的な指導者だった）か、クライアントとコンタクトをとりたい親戚である場合が多いのです。でも、この男たちは違いました。強そうで、いやに真剣な顔つきで、私の仕事場である広い部屋の監視をやめません。それでいてクライアントと接点をもとうともしないので、私は彼らを無視することにしました。ヒーリングが終わると彼らはクライアントと一緒に出て行きました。彼女は男たちの存在に気づいていないようでした。私は何も言いませんでした。

数年後、外国から来たセラピストの友人サリー（仮名）と話をしていた時に「私が紹介した女性はヒーリングに来たかしら？」と尋ねられました。その女性とは、あの黒服の男たちを三人連れてきた女性です。変な男たちが閉じたドアを通り抜けて侵入し、ぎこちない態度でずっと部屋にいたと私が言うと、サリーは笑って「あの女性は政府のシークレットサービス機関の長官の奥さんなのよ」と言いました。なるほど、それでわけがわかりました！　これは私のヒーリング歴で最も風変わりな体験でしょう。黒いスーツの男性たちがボディガードだったのか、そうなりたい人たちだったのかはわかりません。

私がお話しした体験を
どのように受け取ってくださっても
かまいません！
——バーバラ・ブレナン

あなたにとって納得がいく部分もあれば、そうでない部分もあるでしょう。しかし、これらの体験は私にとって素晴らしい学びとなりました。現実と非現実とを堅苦しく分けようとする考え方を取り払えたのです。こうした体験談で視野を広げていただけるなら、と思って書かせていただきました。どのように受け取っていただいても私は批判しません。

ETでおなじみの地球外生命体

ET（Extra-Terrestrial：地球外生命体）の話題はタブーですが、それを承知でお話しします。物理学者である私はNASAのゴダード宇宙飛行センターに勤務しました。宇宙に限界があるとは思えませんので、どこかに人間のような知的生命体が存在してもおかしくないと考えています。その生命体は人間よりもはるかに発達しているでしょう。私たちが住む太陽系は非常に若く、私たちの銀河系も平凡なサイズで、また、若いです。それなのに、私たちは自分たちが最も素晴らしく、高度に進化した種だと信じて疑いません。宇宙にいるのは私たちだけではないでしょう。未来の展望を広げようとしないのは悲しいことです。いずれ宇宙で高度な知的生命体が発見される可能性は高いでしょう。逆に、彼らが私たちを発見するか——すでに発見されているのかもしれません！

かつて人間は地球を宇宙の中心と捉え、自分たちが最も優れた種だと考えました。しかし、ガリレオの多大なる貢献によって――地球は太陽系の中心ではないことが明らかになりました！　科学の発展と共に、さらに大きくより良いものが発見されます。

人間よりも高度に発達した地球外生命体が見つかればどうなるでしょうか？　心理的にどう対処しますか？　これは実現する可能性が高いです。地球は太陽の周囲を回っていますが、その太陽も宇宙によくあるG型主系列星の一つでしかありません。私たちの銀河系は古いものですらありません――さらに、想像を絶するほど古い星雲もあるのです。

他の太陽系で地球のような惑星を探すのが困難なのは探索に必要なツールがまだないだけです。そのような惑星が存在しないと決まったわけではありません。また、他の惑星の生命体が地球環境で私たちと同じ適応のしかたをするとは限りません。生命は過酷な環境にも耐え得るというエビデンスも過去に得られています。生命は繁栄可能な環境に生態系を作ります。深海の熱水噴出孔で発見された生態系はその好例です。この発見によって、高温度下で生命は存続不可能という常識は覆（くつがえ）されました。

ニューエイジの人々はこうした話題を好みますが、ETが存在するかどうか私は知りません。少なくとも物質界では見たことがないのです。非物質的な世界でなら、それらしい存在や宇宙船を見たことはあります。モントークにある私の家の近くにはレーダーがあり、フィラデルフィア実験でETが現れていたはずだと言われています。また、米国政府がエイリアンに関する技術や訪問者を隠していると噂のネバダ州の空軍施設エリア51についてのテレビ番組も見たことがあります。私の学校でも（一九六〇年代風に言えば「ファー・アウト（急進的）」な）生徒たちの間で宇宙人の話題が大流行したものです。それなのに、私は実物を見たことがないなんて。本物の――つまり、肉体をもつ――ETが友好的で、まあまあの容姿で、侵略したり人間を食べたりしないのであれば、見たいです。しかし、今のところ、私はその分野ではまったくついていません。

そう言えば、オメガ・インスティテュートでワークショップをした時にこんなことがありました。私が宿泊中のコテージは二棟続きになっていて、隣の棟にはある有名な先生が泊まっていました。彼もたまたま、別のワークショップを開いていたのです。彼と私が隣同士にいるなんて、なんという週末だったことでしょう。コテージが丸ごと宙に浮かんで飛ぶかと思ったことが何度かありました。彼の名はホイットリーといいますが、映画『スターマン』でジェフ・ブリッジスが演じる役柄にそっくりの歩き方をしていました。つま先立ちで頭を高く前に向け、まるで糸で吊られて引っぱられているかのように前のめりで歩くのです。私だけではなく、一緒にいたバーバラ・ブレナン・スクール・オブ・ヒーリング（BBSH）の講師たちも彼を観察しました。ホイットリーがお昼どきに通りかかったので私たちが透視すると、彼の頭に奇妙な物体が埋まっているのが見えました。それは非常に高い周波数を出しており、彼の脳波を普通の人よりはるかに高い周波数へと誘導しているようでした。しかもそれは観測装置のようであり、第四レベルのリアリティにある「船」と接続されていて、「彼ら」（第四レベルの存在）が私たちの様子や行動を観察できるようになっていました。どんな感じかご本人に尋ねかったのですが、気が引けてしまって無理でした。船の中の「彼ら」を見るチャンスもありませんでした。

エリザベス・キューブラー＝ロスとの「遭遇」

エリザベス・キューブラー＝ロスとの出会いもたいへんに面白いものでした。彼女は人を癒すことに生涯を捧げた素晴らしい女性です。おおらかで率直な人柄で、時代の先駆者として多くの人々に影響を与えました。

エリザベスと会うことになったのは、私が初めての著書『光の手』に推薦文を書いてもらうためでした。まず彼女に本を送ってお伺いを立ててから、電話をかけました。

「これはすごい本ね！　ウエストバージニアの私の家にいらしてくださる？」とエリザベスは言いました。

私はすぐに車で向かいました。長い道のりでしたが、どの方向へ曲がっても、ずっと夜空にプレアデス星団が神秘的に輝いているのが見えました。私はプレアデス星団にずっと思い入れを感じています。はるかな昔に私はそこにいたのでしょう。よくホームシックのように恋しくなって、真夜中にベランダに出て星を見上げます。あの美しく洗練された社会に戻りたい、と熱い思いが込み上げます。地球から見上げると星が集まっているように見えますが、実際の距離は離れています。そうとはわかっていても、私の憧れはやむことがありません。

エリザベスはポーチで出迎えてくれました。私が夜空のプレアデスを指差すと、彼女は「私はあそこから来たの！　さあ、中に入って何か召し上がれ」と言いました。

キッチンには驚くほどいろいろな、作りたてのデザートがありました。パンやケーキ、パイのような焼き菓子やクッキー、果物入りのパンやペストリーがカウンターやテーブルを埋め尽くすように置かれています。まるでヨーロッパのパン屋さんのようです。

「さあ、どうぞ。長旅でお腹が空いたでしょう」と彼女はお皿いっぱいに盛りつけます。甘いものは食べませんとは言いづらく、美味しくいただきました。

「これは素晴らしい本だわ。あなたが知っていることを全部教えて」

「何をお知りになりたいですか？　どこから始めましょうか」

「オーラの見方を教えて」と彼女は片手にコーヒーカップ、もう片方の手にタバコを持って言いました。

私は話そうとしましたが、彼女はコーヒーを飲み、タバコを吸い続けています。これではオーラが見える超感覚的知覚の状態に入るのは無理です。私は内心、どうやって本の推薦文の話を切り出そうかと考えました。当時の私は無名でしたから、高名なエリザベスの推薦を得ることはとても大事だったのです。私はこう続けました。

「オーラを見るには意識を静め、体に流れるエネルギーを開きます。深く息をして、体の中心に意識を向けてください」

「私はオーラが見えないのに」と彼女は話を聞かずに言いました。「なぜETは見えたのかしら?」

「私はETを見たことがないんですよ」と私は言い、話題をそちらの方に移そうとしました。「第四レベルのリアリティとしてなら、長身のものや小さいブルーのものを見ましたが。どんなETを見ましたか?」

「私も同じものを見たわ。リアルなやつをね(物理的に、という意味)。私の椅子を浮遊させたの。そして船に連れて行かれたわ」

「本当ですか! 中はどうでした? 私は第四レベルのリアリティの船なら見ましたが」と、私は話についていこうと頑張りました。

「手術室のようだった。サークルの外を囲むようにテーブルがあって、何もかもが薄いグレーか白。彼らは人々に何かをしていたわ」と彼女は言いました。

「ええ、テーブルがありましたね」と私は同意しました。「すべてが薄い灰色で、テーブルは白に近い色のカバーがかかっていました。船の中央には広いホールがあって、天井は高い吹き抜けのようです。浮遊させたものをそこから船内に入れるのでしょうね。階段などありませんでしたから。どうするのかしら——浮遊させるって。磁場を逆回転させて何かをするのでしょうね。たぶん私もそうして行ったのだと思いますが、浮遊した記憶はないんです。まるで夢のようでしたが、リアルに感じます。わかりますか？」

「それは夢ではないわ」と彼女は淡々と言いました。

「病院か実験室みたいでしたが、誰もいませんでした」と私は続けました。

会話はだんだん奇妙になっていきました。彼女と一緒に「異世界」に溶けるように入っては出て、また入るような感じです。

エリザベスは「チャネリングできる？」と尋ねました。

「はい」

「よかった。チャネリングをしてちょうだい！」

「わかりました」と私は意識を拡張し始めました。チャネリングを始めると、部屋に第四レベルのリアリティのETが見えたのをかすかに覚えています。彼女にも同じものが見えていました。話題はどんどん変わり、私はありとあらゆるものをチャネリングしました。たとえばＡＩＤＳの起源と治療法です。私にはアフリカの小さな昆虫が見えました。カマキリに似たこの昆虫が載っている本がハーバード大学の図書館にあるのが見え、患者の血液を炭のような物質で濾過して体内に戻すのが治療法のようでした。チャネリングと質問は夜通し続き、終わった時には九時間が経っていました。

夜明けが近づいたので私はおいとましようとして、ふと、現実感が希薄で不思議な感じがしました。私のチャネリングはちゃんとできていたのか、ただ有名人と会えてめくるめく夜を過ごしただけだったのかはわかりません。エリザベスとは何十年も前から知り合いだったような気がしましたが、彼女は誰に対してもそうなのでしょう。私は自分のチャネリングやETのことはほとんど信じられませんでした。

でも、いつものように「今後どうなるか見ていればいいわ。今はただ楽しもう」と自分に言い聞かせました。

その夜のチャネリングは最初から最後まで録音してあります。テープはエリザベスの家に置いてきましたが、その後、どうなったかはわかりません。他の録音内容も覚えていませんし、昆虫の本を探しにハーバード大学の図書館に行ってもいません。ただ一つ、心に残ったことがあります。それは私が生涯の友であり仲間を得たことです。彼女は（医師として）不適切だと批判されそうなETの話でさえも、自分が真実だと思うことを率直に話します。そんな彼女が大好きになり、尊敬しました。

その後、エリザベスの家にまた行きました。この時は彼女に会いたいという生徒が同伴しました。わくわくしながらドライブし、初回と同じように歓待していただきましたが、ETの話やチャネリングはしませんでした。エリザベスは私の生徒にあまり関心を示さず、控えめな態度でした。この生徒は自己変容のワークをしていないので信用できなかった、と後にエリザベスから聞きましたが、それでもよい時間が過ごせたことは変わりません。彼女の家から三時間かけてバージニア州のパスワークセンターへと運転して戻る時には空に美しい虹がかかりました。

その後、エリザベスと会ったのは数回だけです。集会でばったり出会うたび、いつも親しみを込めて、世界で仕事を頑張っているかと尋ねられました。私が本来の自分の心のままに突き進み、自分が見たことや、自分がしていることの真意をストレートに表現できているか、という問いだと感じました。実は、私はこの本を書くことをずっと恐れていたのです。でも、いつだって真実を語るのが一番。書いていて、とても楽しいです！

第10章の復習　その他のアストラル現象の体験

1. あなたが体験したアタッチメントを挙げてください。
2. どのように対処しましたか？
3. ＥＴについて信じていることは？
4. ＥＴに関する体験があれば挙げてください。
5. ＥＴについて、どのように自分を納得させましたか？
6. この章を読んでアストラル現象への理解はどう深まりましたか？

第11章　低次のアストラル界における極端な二元性

いわゆる「地獄」や「冥府」を
すっきりと解明しよう。
地獄が深い忘却でないとしたら何だろう？

地獄を見ている魂は
深い苦悩の中にある。
なぜならば
光を体験しておらず
自分を愛していないから。
自分の純粋さを知らないでいる。
自分の生命を実感しないでいる。
それこそが地獄と呼ばれるところの苦悩。

自分を愛せないものは
闇に迷い
誰かに愛を示されても近寄らせない。
愛と光をとても恐れているからだ。
だから光が差すと
自分を守り、反撃する。

もしかしたら
「悪魔」と呼ばれるものたちは
何かをすっかり忘れているのかもしれない。
確かに悪さをし、害を与えるが
それは忘却と分離のせいであり、
光が差すと
必死で防衛するのと同じ。

もう、防衛とは何かがおわかりだろう。
自分を防衛している時の
心は怯え、怒っている。
エネルギーをぶちまけるか
じっと我慢した後で爆発させる。
誰かを言葉で責め立てるか
ネガティブなことを言う。
それもまた、ささいなレベルの防衛だ。

――ヘヨアン

私がこの本で目指しているのは理屈や常識では真偽も存在も認めがたい世界の枠組みをわかりやすく説くことです。世間では、こうした世界の話は暗黙のうちに危険視され、宗教の中で「よく言われている」ものしか語られません。それ以外はただの空想の投影で――リアルではないものとして――精神病による幻覚か妄想とみなされてしまいます。

私はその世界を体験してきましたが、多くの宗教的解釈や悪という言葉の使い方には同意していません。事態を悪化させるだけで、危険にもなると思っています（特に、第四レベルの低次のリアリティの体験では）。悪魔憑きや精神病のラベルを付けるだけであり、そのラベルも役に立ちません。低次の第四レベルのリアリティの世界を体験する人にとっても、その世界にとらわれた存在にとっても、苦悩が深くなるだけです。その世界を実際に体験すれば、天国や地獄や煉獄といった言葉の起源がよくわかります。低次の第四レベルにとらわれた存在は、宗教では打ち捨てられます。精神科では空想とみなされ、「幻覚」を薬で排除しようとします。どちらも思いやりがあるとは言えません。

私はヒーラーとして、「精神異常」と呼ばれる人々を見てきました。本人の安全のために処方薬が必要なケースは確かにたくさんあります。ゆっくりと減薬を目指しながら治療に当たる医師と共に、多くのヒーリングワークを地道に重ね、精神のバランスと調和を取り戻さねばなりません。医学の適切な指導を受けずにヒーリングを進めようとは絶対にしないでください。精神の症状の根底にはエネルギーフィールドの極端な歪みだけでなく生理学的な所見も存在します。

この章では生体エネルギーフィールド（ＨＥＦ）の第四レベルのリアリティ（低次のアストラル界）に見られる極端な二元性についてお話しします。これらの信念体系領域には非常にネガティブなエネルギー意識や深い闇や心身の痛み、拷問や混乱、自己嫌悪や自虐や昏迷があります。地獄や煉獄とも呼ばれる領域です。神に罰せられた罪人が送られる場だと、さまざまな宗教が教えています。地獄を指す言葉は世界じゅうに数多く存在します。ウェールズ神話ではアンヌン、中国では地獄（Diyu）、エジプト神話ではドゥアト、キリスト教の聖書では永遠の滅びの場を指すゲヘナ、ギリシャ神話ではハデス、イスラム教ではジャハンナム。サンスクリット語でナラカ、ヘブライ語でシェオル、ギリシャ神話のタルタロスや日本神話の黄泉（よみ）などです。
これらは分離した意識の世界です。そこに住むものたちは本当の自分が思い出せなくなっています。極端なまでに自らを責め、苦悩しているのです。ヘヨアンはこう言っています。

神のスピリチュアルな世界には
ネガティブな裁きなど、ありはしない！

そこにあるのは
コアへと向かうらせん状の癒しの道を
苦心しながら歩む人の欠点を
愛でやさしく受け入れることだけだ。
いわゆる光といわゆる闇は
透明な真実と叡智と完全性の中で合体する！

多くの宗教が光と闇の戦いを説きますが、それは二元的な思考であり、私たちを困った問題に陥れるとヘヨアンは言っています。二元的な思考をすれば、物事を二つに分ける必要性に迫られます。ヘヨアンはこう言っています。

二組に分けることは

二元性を支持することだ。

二組に分ければ

亀裂は深まり悪化する。

HEFの低次のアストラルリアリティの闇の新しい捉え方

これまでの章でお話ししたように、分裂によって対立することがないホリスティックな考え方が大切です。低次のアストラル領域の住人たちは、そのことをすっかり忘れています。彼らの奥深くにある本来の善良さとのつながりが断たれているため、苦しんでいるのです。

ネガティブな意図は接点を得るため

闇の存在に会うために低次のアストラル界に下りる時、ホールネス——あなたの存在の基礎である、本来の善良さ——とのつながりを維持するために、「相手は接点をもちたいだけ」と覚えておいてください。なぜなら、あなたはネガティブなエネルギー意識に取り囲まれて影響を受けるからです。ネガティブなエネルギー意識でできている世界にも、そこでネガティブな快感に浸っている存在にもネガティブな意図（二元的な意図）があり、あなた自身がもつ二元的な（ネガティブな）意図へと向かわせようとします。あなたの中にも彼らと似た二元性があれば、彼らはそれに引き寄せられるのです。

彼らはあなたと接点を得ようとして、自分たちと似ているものをあなたから引き出そうとします。あなたの中から二元的な（分断された）ものを意図的に引っぱり出して強化しようとするわけです。あなたを完全に引き込みたいので、あなたの二元的な分離を煽り、あなたが普段は包み隠しているネガティブな側面を――誰もが隠している側面を――表に出させようとします。非常にネガティブにも見えますが、次のようにも言えます。

彼らは他の方法を
まったく知らないだけかもしれません！

これほどの程度でなくても、あなたも実際に接点を得ようとしたことがあるはずです。初対面の人と話す時に普通にすることです。親しくなりたいと思う時、お互いの共通点を探して話題にしようとしますね？　邪悪な策を弄するように見える闇の存在たちも、ただあなたと接点を持ちたいだけだと言えるのです。あなたも彼らのようにネガティブな状況に陥れば、そうしようとするのではないでしょうか。
また別の見方をすれば、低次のアストラル界にとらわれた存在はネガティブな快感を楽しんでいるとも言えます。あなたも同じ快感を感じているのを見つけたら、それをさらに煽って引き出そうとするでしょう。

それもまた
単に接点を持つための方法と言えますね！
あるいは、
彼らが知っている方法は

おそらく、それしかないのでしょう！

あなたの中に恐怖やネガティブな衝動が生まれても、彼らの心理が理解できれば対処もできます。あなたが生まれてきたのも、そうした感情や衝動を自分の中に統合するためです。

ヒーラーとして低次のアストラルリアリティに入った時、そこにいるものを地獄の邪悪な存在と呼んで「手抜き」をせずに、自分のネガティブな快感や意図を直視して癒せるかが問われます。これはアストラルヒーリングをするには不可欠なことです。私も昔、いわゆるダークな存在が夜中に現れ、同じ試練に直面しました。私はただ怯える代わりに、それまでに身をもって体験した神聖な世界を信じ、強く明るいエネルギー意識を与えて立ち去らせることができました。もちろん、助けを求めて祈りもしました。その祈りはエドガー・ケイシーの瞑想会での出会いとなって実現し、その後、私はニューヨーク州のキャッツキル・マウンテンに引っ越して、自分を見つめるワークを何年も続けました。この時に助けていただいたことにはずっと感謝しています。

それでは、いわゆる邪悪なエンティティ（存在、霊体）との遭遇について、私が初期に体験した出来事の一つをご紹介します。

黒い「邪悪な」エンティティ

当時、私は週に一度、エドガー・ケイシーの会に参加していました。メンバーの人たちは素晴らしく、クエーカー教徒の人たちもいました。会ではケイシーの著書を読んで話し合い、瞑想をします。ケイシーは霊界の謎を解き明かし、ポジティブな視点で活かす方法を説いています。私はこの会で、チベット仏教研究者のアイリスという女性と親しくなりました。彼女は瞑想の経験も長いので、何度か彼女の家で一緒に瞑想をしたこともあります。無言で座っている間、私たちはよく同じビジョンを見たものです。私は科学者でもありますから、何か見えたらそれを言わずに、彼女に見えたものを先に尋ね、自分のビジョンを検証しました。これは超感覚的知覚やスピリチュアルな世界の理解を深めるのに役立ち、やりがいがありました。

二、三年が経ち、私はバイオエナジェティクスのトレーニングの最後の年を迎えました。これからお話しするのはその頃に起きたことで、心霊体験の捉え方について考えさせられ、ポジティブな視点の大切さを痛感した出来事です。クリアーな超感覚的知覚を培うのに必要なのはしっかりした知識——自分自身の心理的なプロセスと、自分のエネルギー意識体系の働きと、それをいかに統制するかを知ることが重要だとわかったのです。そのためには多くのトレーニングとパーソナルプロセスが必要です。

私がトレーニングを受けていたクリニックで、一人のクライアントが首を吊って自殺しました。彼の名をバドと呼ぶことにします。自殺の経緯はわかりません。バドの遺灰は瞑想室に置かれ、お別れの会が開かれました。私は生前の彼をちらりと見かけたことしかなく、彼を担当していたセラピストも知りません。でも、お別れの会に出ていた私は自殺の動機が知りたくなりました。彼はどこにいるのだろう？　瞑想の後で私は遺灰の壺に両手を当てて、そこに意識を投影してみました。

「バド、どこにいるの？」

突然、遺灰の中から荒れ狂うような、焼けるようなエネルギーが——解放されたがっているかのような意識が感じられました。私が感じたのはただそれだけでした。

その翌日、私が一人で家にいると、誰かが玄関のドアを叩きました。近所に住む図書館員と、私の部屋の階下に住む女性でした。私の部屋が燃えているように見えるので確認してほしい、とのことです。

きっと、窓の汚れが煙のように見えたのでしょう。それでは三人でお茶でもしようという話になり、私はお呼ばれすることにしました。お茶がはいると、一人が「おでこから意識を体外離脱させて、ドアから出たことはある？」と言い出しました。

「いいえ。でも、やってみたいわ！」

私たちは夜中まで練習に興じました。図書館員の女性が金色の光の点になってドアから出て行くのが見えました。私も金色の光の点になりましたが、ドアの手前で止まりました。目の前は奈落の底です。未分化の生命がうごめく、果てしなく暗い無でした。飛び込むのは怖かったので、私はバドを呼びました。それから二、三時間のうちに、その夜の雰囲気はだんだん奇妙になってきました。女性の一人が自動書記を試すと言って絵を描き、いきなり手を止めて紙を指差し、声を上げました。「これはとても邪悪なエンティティだわ！」

台所で犬が突然吠え始め、私たち三人は震え上がりました。しばらく気を静めてから私は家に帰りました。その時、私は自分の背後に大きな黒いエンティティがずっといて、私の後をついて来るのに気づきました。どうしていいかわかりませんでした。運よく家には私一人で、誰も巻き込まずに済みそうです。私は震えながら聖書を持って歩き回り、壁に向かって十字の形に水を振りかけましたが効果はありません。次の晩も、また次の晩も恐ろしい体験が続きました。

私はヨーロッパ出身のヒーラーに会う予約を取りました。彼はエンティティを取り除けず、こう言いました。「この悪霊は過去生でも何度もあなたを追ってきた！　全力で戦って、勝たなきゃいけないよ。だが、負けても心配は要らない。きみが失うのは肉体だけだ」。そんなことを言われても困るだけです！

私はますます落ち込みました。

私はいつものバイオエナジェティクスのセッションも受けましたが、セラピストは鷹揚（おうよう）に構えるだけでした。彼には黒い存在が見えず、私が怖がっていることだけが見えました。私が恐怖と向き合うためのサポートをしてくれましたが、黒い存在は消えそうにありません。

「セッションを増やそう。精神科に行かなくてよかったね。薬を出されて入院させられるのがおちだ」と彼は言いました。

私は言われるままにバイオエナジェティクスの個人セッションを予約しました。その時もエンティティは私のそばにいて、怖かったです。他の人たちには見えないのですから、私は自分が正気なのかと疑いました。

ふと、私はエドガー・ケイシーの会のアイリスを思い出して電話をかけました。何も説明せず、ただ「一緒に瞑想してくれる?」と尋ねました。

「いいわよ。では午後三時に来て」

いつもなら、アイリスは私を家の中に招き入れてくれるのですが、この時は庭へ案内されました。私たちはりんごの樹の下に座り、黙って瞑想しました。そして、何も言わずに瞑想を同時に終えました。無言で通じ合うのはいつもどおりです。

アイリスはこう言いました。「あなたはとても暗いエンティティに憑かれているわ。胸から下のオーラは真っ黒よ。白い光で追い出せば大丈夫。恐怖を乗り越えて、無条件の愛を彼に送って光に放つのよ。私が手伝うわ。あなたが来る前に、この『暗いエンティティ』は私に向かってきたの。でも侵入させなかった」

恐怖を乗り越えるのは簡単ではなさそうでした。私はさらに怖くなりました。懸命に心を静め、アイリスと一緒に瞑想を始めました。

私は自分のクラウンチャクラから白い光を下ろし、「エンティティ」を体から押し出し始めました。

愛をもち、境界線を引きました。必死で恐怖に耐えて無条件の愛を感じようとしましたが、とても難しかったです。私は光と愛に意識を集中し、体の中にいる彼を白い光で押し続けました。私には（目を閉じた状態で）アイリスも彼に光と愛を送っているのが見えました。彼は私の体から抜け出して背後を歩き回り、アイリスの方に行きました。その時、ふと、おかしな考えが浮かびました。

私は困っているけど、彼はどうなの？　彼には肉体すらないんだわ。

私は明るい気持ちになり、この肉体のないかわいそうな存在に無条件の愛を感じました。彼を愛で満たすうちに、濁って灰色がかった茶褐色はグレーに変わり、だんだん明度を増して白い光になりました。彼はアイリスの方に行き、さらに明るく輝きました。アイリスと私が無条件の愛を放つと、彼のＨＥＦはゆっくりと解き放たれました。無言の瞑想を終えてアイリスが言ったことは、私が見たものとまったく同じでした。

「私は彼に光と愛を送ったけれど、あなたも光を送るまでは動こうとしなかった。あなたは恐怖を乗り越えて、無条件の愛で彼を体から押し出したわね。彼はあなたの後ろを歩いて私の方に来たわ。だんだん薄い色になって背後まで来たので、私は輝く光の中に彼を放り投げたの。彼は光の中に解放されたわ」

私はほっとして家に帰りました。以後、彼は二度と現れませんでした。

「邪悪なエンティティ」の体験を解釈し直す：時が経ち、私はバドについての体験と「暗いエンティティ」と呼ばれるものとの関連性に気づき始めました。そして、よりよい見方ができるようになりました。セッションでワークを重ね、自分の恐怖と向き合ううちに、あの黒い存在はバドに違いないと確信しました。それ以来、私は自殺をした人たちが自分のしたことに気づいてとても暗い色になるのを見ました。基本的に、自殺は不毛です。肉体を離れた後でも問題は未解決のままであり、自分は前とほとんど変わらないと気づくだけだからです。しかし、肉体を失った後ですから、自分の感情や恐れや自己批判をなだめて安定させることもできません。死後、自責の念や恐れはもっとひどくなり、自分の体験や知覚を制御できなくなることがほとんどです。

バドのような例ではアストラル界に入って迷う可能性が高いです。ヨーロッパ育ちのヒーラーもチベット文化を知るアイリスもバドのことを暗いエンティティと呼びました。彼のＨＥＦがとても暗い色だったからです。私はバイオエナジェティクスと物理学の視点を取り入れ、さらに西洋的な観点からこの現象を見直してみました。バドのＨＥＦが暗い色をしていたのは彼が深く苦しんで自殺したことを示します。私は彼のセラピストでもなく、生前の彼を超感覚的知覚で見たこともありませんから、その暗さの原因になるものを見ていません。その後、自殺者の大半がそうであるように、バドもひどい罪悪感に襲われました。死んでも問題が解決しないばかりか、さらにひどくなることに気づいたからです。自分に対するネガティブな感情も、自分がしたことに対する絶望感も、肉体を失ってしまってからはどうすることもできません。

私が最初に、バドの遺灰に自分の意識を投影しました。それから、深い闇の淵で彼に呼びかけたのでした。新しい視点で見直せば、バドは助けを求めて私のところに来たのではないでしょうか。私は彼に呼びかけ、彼の姿が見えて、接点を持ったからです。これが可能だったのは私とヨーロッパのヒーラーとアイリスだけで、他の人々にはできませんでした。バドはアストラル界で迷い、必死で私にしがみついたのでしょう。これは自殺者によくあることです。悲しみや後悔で、前よりもさらに深く落ち込むのです。突然アストラル界に入ってしまったため、慣れていないことも迷子になりやすい要因です。

この体験の捉え方には二通りあります。まず、「私は悪霊に呪い殺されそうになった」という見方。これは善悪を分け隔てた見方です。もう一つの見方は「首を吊って深い闇に落ちたバドに会った」。会おうとして彼を呼んだ張本人は誰？　そう、私でした！
ヘヨアンはこう言っています。

暗いものは闇の向こうに
闇を見る。

だが、もし、きみが光にいれば
闇を見通し
その正体がわかるだろう。

そこで、私は振り返り、自分の体験が何だったのかがわかりました。バドが私と接点を得るために膝をついて私をつかんだのは、彼が迷っていたからです。私たちは彼が光に還る手伝いをしたのです。恐怖を感じている時には怪物が見える、というのがここでの大切なポイントです。物事を善悪に分ける見方は世界で広く教えられています。黒い怪物がいて、素晴らしい天使がいる、という見方です。「それはどん底に落ちて苦しんでいる人の姿だ」と教えずに、よいか悪いかで判断しようとします。バドは自殺を選ぶほど自分を悪いと感じていました。私は彼を呼び、彼は助けを求めてきました。これは大きく異なる見方です。

この体験によって、私はアストラル界の心霊現象の捉え方について、深い衝撃を受けました。一般的な教えはたいへんネガティブで、それらを「低次のアストラル界の存在」と名づけ、悪と決めつけてさらに地獄へ突き落そうとするようなものです。正直に言うと、それはたいへん困ったことです。アストラル界の人々／存在には救いが必要なのです。さらにネガティブなエネルギーを投影されたり投げつけられたりすることだけはされたくないでしょう。すでに彼らは闇におり、自らの神々しい本質を忘れています。私たちが心の闇を抱えて救いを求めるのと同じように、救いが必要です。「光の姿を想像することによってではなく、隠れた闇を意識化することによって私たちは導かれて悟る」とカール・ユングは言っています。

深い忘却とは内面の深い分断です。それは現実を善と悪とに分けるような分断です。そのような内面のあり方では、悪は非常に悪いもの（邪悪）であり、善は天使のように素晴らしいものだと捉えられます。残念ながら、こうした深い分断状態にある人は、たいていネガティブな側に強く反応します。逆にポジティブな側に向かうとしたら、心身共に現実感に乏しい楽観主義が一時的に強く出るだけでしょう。最もよく見られる例は双極性障害をもつ人の表現で、生理学的な所見にもＨＥＦにも分断が見られます。忘却が深いほど暗くて密度が濃く、さらにネガティブなエネルギーになります。内面に深い分断を抱える存在は自己肯定感が非常に低いとも言えるでしょう。

これはアストラルヒーリングをおこなう皆さんにとって
必ず知っておいてほしい、大切なことです。
アストラル界の闇で
悪いものが見えたと言うのは簡単です。
そこにいる存在にとっては、そのようなことを言われる必要はありません！
彼らはすでに
ひどい自己嫌悪に苦しんでいます。

怖いものとして扱われることなど必要とはしていません。
彼らはあなたを怖がらせようとするかもしれませんが、
それは彼らがあなたを怖がっているからです！
彼らが必要とするのは
明るく、愛をもって受け入れられること
そして、本来の姿を見つけること！
気づきへの道を歩むこと！
——バーバラ・ブレナン

一歩ずつ、私の人生は想像を超えた素晴らしい何かに向かって展開し始めました。ゆっくりと自分を見つめて学んだ後、私は以前とは異なる見方で「地獄」と向き合えるようになりました。慣れた足取りで闇と絶望に入る準備ができたのです——この時からはヒーラーとして。低次のアストラルの闇にとらわれて苦しむ存在にヒーリングを与えられるだろう、と自信をもった時、次の出来事が起きました。

ヒーラーとして初めて「地獄」を訪ねる

初めて地獄を訪れた時はたいへん驚きました。このことは『光の手』にも書いてありますが、それは私がニューヨークシティのオフィスでヒーリングをしている最中だったのです。私は仕上げのためにクライアントの第六チャクラに両手をかざし、愛とやすらぎを送って意識を上昇させました。私の手の真下で仰向けに寝ているクライアントは四十歳の男性です。彼の性的な発育は思春期から止まっていたため、それまでに何度かヒーリングをしてホルモンの活性化を促し、改善の兆しが見えていました。

その日のヒーリング中に、いきなり私は地獄に落ちたのです！　フィールドの第六レベルで至福を感じていた時に、第四レベルの闇へ落ちました。これはショックでした。原因がわかりません。私が何か大失敗したのだろうかと焦り、記憶をたどりましたが心当たりはありません。そんなばかな、何が悪かったのかと考えてから、ふと見回すとあたりは真っ暗！　そういえば地獄を抜け出す方法がいくつかあったはず。それらを思い出し、試すことにしました。まず、光を探し、光に向かう。しかし、光はどこにも見えません。「上の方は明るい」「下の方は暗い」といった濃淡がないのです。これではどこへも向かえません。ただ、いやな音だけが聞こえます。何も見えない真っ暗闇です。救いを求めて祈りましたが、それも効果がありません。私はキリスト教徒として、祈りの言葉をヒンドゥー教の読経のようなリズムで唱えました（声には出さず、心の中で）。クライアントは静かに寝ていますから、驚かせるわけにはいきません。

「ジーザス・クライスト、ジーザス・クライスト！」

これも効果がありません。それでも唱え続けていると、暗闇の中で複数の声がしました。

「そいつは誰だ」

私はぞっとしました。私が育った環境では、イエス・キリストは地獄のあらゆる者に触れ、望む者はみな導いたと教えています。地獄にいるならキリストを知っているはずでしょう。それが通用しないようなのです！

「どうしてキリストを知らないのかしら」と私は愕然としました。

「しーっ、静かに。バーバラ、落ち着いて！」と私は気を静め、唱え続けました。

「ジーザス・クライスト、ジーザス・クライスト」。ひたすら私はくり返しました。

しばらくすると、私の頭上がほんのり明るくなってきました。私は光へと上昇しているようです。修道院の庭園らしい風景が見えました。茶色の衣を着た僧侶たちが私に近づいてきて、私の右手に手を差し伸べました。

「ほら、これを持って」

それはクライアントの魂のかけらでした。彼らはある方向を指差し、こう言いました。

「カウンセリングに行きなさい」

宙に浮かんで左の方角に進むと、スフィンクスの正面に着きました。スフィンクスの胸にある秘密の扉が開くと、私は内部の部屋に入りました（みな私の内面での出来事です。物理的には、私はまだクライアントの額の上に両手をかざし、第六レベルの上昇をしています）。スフィンクスの部屋の黄金の玉座にヘヨアンが座っていました。私がひざまずくと、彼は黄金の光のイニシエーションを授けてくれました。そして、こう言いました。

きみに準備ができた時
話そうと思っていた
秘密を明かそう。

きみとわたしはひとつ
わたしはきみのオーバーソウル
われわれのコアスターは同じ。

バーバラ、きみは
わたしが現世に生まれた姿。

この話は長年、誰にも語らず内に秘めていました。きわめて私的な体験でしたし、話せば自慢話のように聞こえるかもしれないと思ったからです。でも、今は、これが万人に当てはまる話だと思えるようになりました。誰もみな生涯にわたるガイドがいます。そのガイドは高次の魂とも言えるオーバーソウルです。その他のガイドはある時期に現れ、ヒーリングの技術などを伝授し終えると去ります。

あなたと生涯ともにいるガイドは
あなたのオーバーソウルです。
そのガイドのコアスターは
あなたと同じものです！

このヒーリングで起きたことはクライアントにとっても転機となりました。何年も、あるいはいくつもの過去生にわたって離れていた魂のかけらを取り戻したのです。そのかけらがなぜ、どのように離れてしまったかはわかりません。以後、さらに長い年月と多くのヒーリングを必要としましたが、彼の状態はかなりよくなりました。内分泌系の機能が目覚め、彼は男性としての成長を取り戻しました。

新たな千年紀のタスク

人類が何千年も抱えてきた二元性は明るみに出され、癒され、完全性へ向かっています。光と闇と呼ばれる両極は完全性へと統合されようとしています。善悪を二分化し、人々を厳しく管理しようとする宗教組織の姿勢は疑問視されていくでしょう。

いい子になるには
罰が必要だなんて
本気で思ってはいないでしょう?

第11章の復習　二元的な体験

1. あなたが体験したことの中で、極端な二元性が見られるものを列挙してください。
2. その時、あなたはどうしましたか?
3. 後になって、内面の成長のために、あなたはそれをどう解決しましたか?
4. 対処できる力がつき、自分にどんな強さがあると気づきましたか?　また、どんな自信が生まれましたか?

第12章　ネガティブな意図とアストラル界

いわゆる「悪」を
極端な二元性とみなすこともできる。
大切なことをすっかり忘れているだけだ。
——ヘヨアン

それでは、ネガティブな意図で本当に誰かを傷つけようとした時に何が起きるかを見ていきましょう。

魔術や呪い、エンティティ

魔術や呪いはたいへんな危険を及ぼす可能性があります。その存在を文化全体が否定するのはもっと危険です。魔術や呪いは病気や肉体の痛み、恐怖や奇行、果ては不審死さえも引き起こすことがあるからです。私はこの分野について誰かに教わったわけではありませんから、ここではあくまでもヒーラーとしての体験と超感覚的知覚に基づいてお話しすることをお断りしておきます。また、私は呪いと魔術が正式にどう異なるのかもわかりません。どちらもおそらく同じであり、文化によって呼び方が違うのでしょう。呪いと魔術はこれまでに説いた第四レベルのリアリティの法則に従い、効力を発揮します。それぞれの文化に特有のものがあり、独自の体系に則って理解や解釈をします。

黒魔術とは何か。なぜそれほど強力なのか

黒魔術は相手の弱点や、現象に対する理解力のなさを利用し、支配や危害を加えるためにエネルギー意識の情報を使うシステムです。その原理や法則はヒーリングで扱う生体エネルギーフィールド（HEF）の第四レベルのリアリティの仕組みと同じですが、黒魔術では儀式用の品やシンボルを具体的に使用し、性的なエネルギーを用いて何かを創造しようとする場合もあります。儀式は秘密裏に、何世紀もくり返されています。このようにして品物やシンボルに二元的なエネルギーやネガティブな意図が込められることは第10章で述べたとおりです。それらのパワーは儀式のたびにアストラルの形体とネガティブな信念体系領域に蓄積します。これはパワフルで危険になり得るでしょう。人の恐怖心につけ込み、食いものにします。面白半分に扱うものではありません。人類が歴史の中で蓄積してきた黒いネガティブなエネルギー意識につながっているからです。

黒魔術は秘密にされることによっても効力を持続させます。ほとんどの人は黒魔術など存在しないと思って話題を避けようとしますが、恐怖を感じています。黒魔術の存在を信じる人に対しても、その人自身の恐怖に働きかけて効力を発揮します。ですから、いっさい関わらないでおくか、その仕組みを理解しておくかの二者択一です。さらに詳しく知りたい場合はトレヴァ・レヴンズクロフトの著書『ロンギヌスの槍――オカルティスト・ヒトラーの謎』（学研M文庫）を読んでみてください。キリストの脇腹を突いた聖槍をアドルフ・ヒトラーが探した話が書かれています。キリストの死後、その槍がたどった歴史が参考になるでしょう。

黒魔術や呪いについて私が体験したこと

変わった問題をもつクライアント——憑依：私が初めて地獄を体験してから間もなく、ある女性が「すぐに会いたい」と電話してきました。とても困っている様子でしたので、私は空き時間を探して予約を入れてあげました。彼女はフォルクスワーゲンのワンボックスカーを運転し、当時私が住んでいたセンター・フォー・ザ・リビング・フォースに来ました。私が迎えに出ると、彼女は運転席から転がり出てきて話し始め、時々錯乱したように叫びます。私は彼女を建物の中に案内し、ヒーリングルームに招き入れました。彼女のＨＥＦは控えめに言ってもめちゃくちゃで、いまだかつて見たことがないほどのひどい状態でした。彼女は何者かに侵入され、支配されていたのです。この何者かは非常に強力でした。彼女の頭頂部のクラウンチャクラはぱっくりと開き、ズタズタに引き裂かれ、中の保護スクリーンは無くなっていました。大きくて太くて頑丈な黒い触手か根っこのようなものがそのチャクラから入り込み、垂直のエネルギーの流れにからみついて腹部の第三チャクラまで下りていました。それは私が見たこともない、何らかの力でそこに固定されているようです。その力の源は今いる場所ではなく、はるか遠くの異文化が由来のようでした。私はそれを取り除こうとしましたが、黒い触手は謎の力でがっしりとそこに置かれ、動きません。前例のない強固な力でした。これは無理だと知り、私はヒーリングを止めて彼女をなだめ、過去のいきさつを尋ねました。経緯を知れば、何か手立てが見つかるかもしれません。話を聞いて、なるほどと思いました。彼女は次のように言ったのです。

「仏教の勉強中にチベット僧に出会ったの。彼との恋愛結婚は失敗だった。私は彼の言いなりでエネルギーを吸い取られてばかり。離婚したいと言ったけれど、彼は反対。でも、ここはアメリカなんだし、私は自分から離婚の手続きに進もうとした。すると、彼はよけいに支配的になったの。その頃にわかったんだけど、彼が僧侶だなんて嘘。本当は黒魔術師だったのよ！　黒魔術で私の生気を吸い取っているの。逃げられないし、誰も相手にしてくれない。私の頭がおかしいと言われるだけなの。お願い、助けて！　これを取らなきゃ！」

彼女は何度も飛び上がり「取って！　耐えられない！　気が狂いそう！」と叫びました。

「ごめんなさい、無理だわ。私は方法を知らないし、力不足なの。精一杯やったけど、悪魔祓いが必要だわ！　チベット僧ならできるでしょう――チベットハウスか、悪魔祓いができる僧侶を見つけてちょうだい。ニューヨークにも一人いるわ。あなたを助けてくれるかもしれない。彼のところに行って」

私は紙に彼の名前を書いて渡すと、やっとのことで彼女をヒーリングルームから連れ出しました。階段を下りて駐車場に出ると彼女はまた取り乱して暴れ、金切り声を上げました。私はまた彼女をなだめ、運転できるようになるまで待ちました。私が紹介した僧を訪ねるように念を押し、ようやく彼女と別れました。車に乗り込んだ彼女が見事なハンドルさばきで走り去ったのには驚きましたが、どうか苦しみが癒えますようにと祈りながら見送りました。このような黒魔術を私はまだ扱うことができなかったのです。

呪いを扱う時の倫理：学校を始めた初期の頃、ある男性が入学するためニューヨークに来ました。ここでは彼をピーターと呼びましょう。私はピーターの第三チャクラがひどく損傷しているのに気づきました。スクリーンは破れ、シールは傷み、真ん中には深い穴が空いていたのです。さりげなく彼の経歴を尋ねると、あるシャーマンのところで三年間ほど学んでいたとのことでした。ピーターは弟子として、呪いのお祓いや除霊を手伝っていたそうです。そのやり方というのはこうでした。呪いを解いてもらいたい依頼者の周囲を人々が輪になって取り囲み、手をつないで結界を張ります。シャーマンは依頼者から呪いやエンティティを抜き取ると、弟子であるピーターの第三チャクラに投げ入れました。ピーターは痛みのあまりに立っていられず、倒れてもがきました。シャーマンが術を続けるかたわらで、ピーターは輪の外に引きずり出されます。他の人々は輪を崩さず、依頼者のオーラに呪いが再び入るのを防いでいました。ピーターは三時間ほどのたうち回り、その後も二週間は体調不良が続きました。シャーマンはこの方法で多くの人を助けていたそうです。

ピーターの傷んだチャクラをそのままにしておくと大変だと私は思い、クラスがあるたびに彼にワークをしました。それは私の学校で彼が教職課程に進んでも続きました。ようやく彼がそのシャーマンの元を去ると、私のヒーリングが彼のチャクラに定着しました。

ピーターは似たような勉強を他の人々のところでもしたと言っていました。フィールドに憑いたエンティティや呪いを抜き取って鶏や卵に投げ込むのは普通だったそうです。彼のように、弟子がその役割を担うこともあるなんて！　呪いを抜き取って送り返すこともある、と彼は言いました。どちらも私には疑問でしたから、もっと倫理的な方法を探すようになりました。

心理的な転移の「呪い」：まもなくして、また考えさせられる出来事がありました。心理的な「転移」の問題です。これはリーダーになるための試練の一つで、生徒たちがコアへの神聖な癒しを進める中で起きることです。転移は心理学の用語です。クライアントや生徒が肯定的な感情を教師やヒーラーや医師などのリーダーに抱くことを陽性転移と呼びます。リーダーは欠点のない、よい存在に見えて、完璧に世話をしてくれるように感じますが、それは子どもとしての願望です。たいていの生徒はまず陽性転移を起こし、人生を変えてくれる素晴らしい存在として教師を見ます。ある部分は真実でしょうが、かなりの部分は陽性転移です。しばらくして生徒が自己変革の難局に差しかかり、ワークを深めるべき時が来ると、陰性転移が起こります。リーダーはただの教師であり、救世主ではありません！

ある時、ある女性の生徒が私に対して激しい陰性転移を起こしました。彼女はセラピストと共にワークをすればよかったのですが、そうはせず、ネガティブな偏見をもつ霊能者に頼りました。その霊能者は私が過去生で彼女を呪ったのだと言い、「呪いを送り返すべき」と言ったそうです。もちろん私は誰も呪っていません。その生徒は理由もなく私を呪ったのですが、たいした効果はありませんでした。結局、それは心理的な転移でしたから。「呪いを送り返す」ことには多くの問題がありますが、このような場合もあるのだと、私はこの出来事によって気づきました。

その女性の苦しい過去生も含めて全体を癒す方法をヘヨアンが教えてくれました。両手に無条件の愛をたたえ、私のフィールドから呪いを取り除いて溶かします。そして、その呪いがやってきた経路をたどり、道筋全体を溶かします。経路は生徒をたどり、私を呪い返せと言った霊能者から、また別の、私が知らない人に行き当たりました。すべてを溶かしましたので、傷つく人は誰もいないでしょう。

夢のような休暇が一転した話…私が初めて呪いを目撃したのはヒーリングルームでのことでした。なんだか死にそうだと言って、ある女性が来たのです。彼女を仮にパットと呼びましょう。パットの健康状態はここ二年の間に悪化していましたが、原因は不明です。複数の医師にかかっても診断がつかず、どんな治療も効果がありません。私がパットのフィールドのチャージとクリアリングを始めると、アストラルレベルの何かが彼女のフィールドに取りついているのが見えました。それは文字通り、生命エネルギーを吸い取っていたのです。よく見ると、それは彼女だけでなく、遠く離れている誰かとつながっていました。

たどっていくとカリブ海まで行きました。そのようなものは見たことがなかったので、いったいこれは何だろうと思いました。アストラルレベルのフィールドを続けて見ていくと、カリブ海の原住民の女性にたどり着きました。しかし、その女性が発生源ではなさそうです。そのコネクションは女性のフィールドの外側を覆い、そこからさらに、恐ろしい容貌の男性へと続いていました。私が「呪術師」と呼ぶような装束で、仮面や羽根飾りをつけて盾を持ち、奇妙なものを首や腰に下げ、手にも持っていました。この男性がパットの生気を奪うエネルギーを出していたのです。

それはぬるぬるして粘り気のあるネガティブなエネルギー意識で、取り除くのは簡単ではありませんでした。元の作り手に送り返そうとしてもうまくいきません。そこで私は自分の中心に集中して無条件の愛の状態になり、自分のフィールド全体を無条件の愛で満たしました。パットのフィールドに取りついたエネルギーをゆるめるために自分の両手に集中し、手も無条件の愛に満ち、覆われているかを確かめました。そしてゆっくりと、少しずつ、ネガティブで敵対的なエネルギーを愛に溶かしました。長時間の集中力が必要でした。

パットの周囲と内側を変容させると、島の女性へとつながる太くてネバネバした糸を溶かしていきました。女性のフィールドまで到達すると、私はエネルギー的にコンタクトをし、これを愛に変容させていいかとエネルギー的に尋ねて承諾を得ました。彼女のフィールドの周囲と内側を変容させると、粘っこい糸をたどって呪術師まで行きました。彼のフィールドの外側から承諾を得ようとすると拒否されたので、彼はそのままにしました。私はパットのヒーリングを仕上げ、フィールドの通常のクロージングをおこないました。

その後パッドはめきめきと回復しました。それに合わせて、あと二、三回、フィールドのいろいろなレベルの再構築と強化に重点を置きました。そのヒーリングの時に、カリブ海に行ったことはあるかと尋ねると、彼女はこんな話をしてくれました。

「十年前に休暇でジャマイカに行った時、島でジェレミーという男に出会いました。私たちは恋に落ち、素晴らしい時間を過ごしました。相性もよく、彼は私と一緒にアメリカに行くと言ったので、結婚するつもりでした。ところが、休暇が終わりに近づいた日の朝、島の女が激怒しながらコテージの裏庭に現れました。すごい剣幕でしたが私は彼女の言葉が理解できません。すると女はナイフで切りつけようとしてきました。私が大声で叫ぶと、村の男たちが駆けつけてきて女を押さえ、ナイフを取り上げました。彼らは女を怒鳴りつけ、どこかへ引っぱって行きました。それから男たちは戻ってきてこう言ったのです。ジェレミーには内縁の妻がおり、子どももたくさんいるのだと。恐ろしいやら悲しいやらで、私はすぐにそこを出ました」

涙を浮かべるパットの話を私はじっと聞きました。それから、彼女のフィールドに見えたものとヒーリング中の出来事について説明しました。島の女はネガティブな心霊エネルギーでパットを殺そうとしてオービアという魔術を操る魔術師を雇っていました。ジェレミーを奪おうとするパットを二度とジャマイカに来させないためです。

それから二週間ほど経ち、私はいつものようにヒーリングを続け、何人かの新しいクライアントを迎えました。一人はカリブ海出身です。彼らはカリブ海のオービア・マンについての本を出版したのだと言い、一冊を私にくれました。彼らはパットのヒーリングについて何も知りません。私はその本でオービアという名称を知りました。アフリカから奴隷として連れて来られた人々と共にカリブに伝来したようです。オービア・マンは古代アフリカの呪術医で、彼らの目的は伝統的な文化に従って癒すことです。

炎の呪い‥それから一ヶ月ほどしか経たないうちに、私はまた呪いの話を聞きました。この女性を仮にジーンと呼びます。ヒーリングを受けに来たジーンは自己紹介もそこそこに、こう言いました。「恋人に黒魔術で殺されそうで怖いのです！　瞑想や祈りではどうにもならないかもしれません」

「どういう意味？　彼は何をしているの？　どうやって？」と私は真剣な態度を崩さず、慎重に尋ねました。

「見てください」とジーンがシャツの袖をめくって手袋を外すと、私は息をのみました。彼女の両手と両腕は皮下組織まで及ぶ火傷の跡がありました。手から肘の上まで皮膚移植がなされています。移植した皮膚は普通の皮膚より明らかに薄く、つなぎ目がはっきりとわかりました。また、全体的に青みがかった赤色をしていました。

「彼の黒魔術です――私を殺そうとしています！　ある日、仕事から帰宅して彼に呼びかけたのですが、返事がありませんでした。二階で儀式をしているのだと思うとぞっとしました。私はすぐ地下室に行ってキャンドルを灯し、瞑想をして自分の身を守ろうとしました。怖くてそれどころではなかったけれど、必死に祈りました。そして目を開けると、上の階が燃えているのに気づいたのです！　私のキャンドルのせいではありません。慌ててキャンドルを吹き消して逃げようとすると、玄関には鍵がかかっていました。裏口も窓も閉まっています。彼は私を家に閉じ込め、火をつけたのです！　誰も信じてくれないでしょうけれど。手と腕で顔を覆って息をして、窓を破って外に出ました！」

彼女は深く息をすると「何ヶ月も入院したんですよ」と言って泣き出しました。

私はヒーリングに取りかかりました。ジーンの腕と全身のフィールドのレベルをすべて再構築するのです。フィールドから取り除くべき外傷がたくさんありました。構造体レベルには破れがあり、非構造体レベルには混沌とした暗いクラウド（雲のような滞留）がありました。火事の炎は非構造体のフィールドに多くの赤色となって残り、手や腕の構造体のレベルは粉砕され、ほつれていました。

超感覚的知覚で見たところ、ジーンの恋人は確かに黒魔術の儀式を使おうとしたようでしたが、その方法はわかりませんでした。私はこの分野の本をそれほど読んだことはないからです。放火の可能性の方を感じましたが、それも「リアルな」証拠がありません。ともかく、さらなるサイキックアタックからクライアントを守ることが重要でした。彼女のフィールドを念入りにクリアリングし、中心をしっかりと強化して保護できるようにしました。彼女は力を取り戻し、火傷の跡を修復する手術を受けようと決めました。

九世代も続いたアフリカの呪い…もう一つ、驚くような体験がありました。この時にはもうバーバラ・ブレナン・スクール・オブ・ヒーリング（ＢＢＳＨ）は四年制の学校に成長を遂げ、第四レベルのリアリティの物体や存在をフィールドから除去する技術を二年生のスキルとして教えていました。その時に、呪いがいかに強く持続するかに驚かされた出来事がありました。この事例では九世代にもわたってフィールドに残り続けていたのです。

まずお断りしておきますが、フィールドのアストラルオブジェクト（物体）とフィールドのアストラルビーイング（存在）には大きな違いがあります。存在は自分の意志をもっており、取り除かれることを望みません。前に私がクライアントの膵臓から雛をつまみ上げて噛まれたように、取り除こうとすれば反撃してきます。このために、意志をもたない物体の除去よりも少し難しいのです。存在は現世または過去生で誰かによって置かれたか、クライアント自身が置いたものです。フィールドに呪いをかける者の意志によって、その存在はフィールドに残されています。まだそれが残っているならヒーリングが必要です。

私の体験の話に戻りましょう。私は二年生の生徒たちにアストラルヒーリングを教えていました。みなヒーリング用のベッドに向かい、第四レベルのリアリティのオブジェクトとビーイングを取り除く練習をしていました。室内を回って指導中、ある生徒が困っていたので見に行きました。アフリカ系の生徒が「クライアント」役でベッドに寝ており、「ヒーラー」役の生徒はフィールドが不安定なままでした。その生徒のフィールドにじゅうぶんなエネルギーがないからです。そのために、このヒーラー役の生徒は自分が何を取り除こうとしているのかよくわかっていませんでした。クライアント役の生徒の第四レベルのフィールドを見てみると、中心にあるエネルギーの垂直の流れの中に不吉な姿の黒ヘビがぎっしり詰まっていました。エネルギーが足りないのも無理はありません。ヒーラー役の生徒の手に余るほど邪悪な意図をもつヘビです（また、生徒の学習レベルを考えると、太刀打ちできないのも無理はありません）。私がヒーリングを引き継ぎ、生徒には手伝いに回ってもらうことにして、まずヘビを一匹ずつ取り除き、それから複数をまとめて取り除きました。これには時間がかかりました。ヘビたちをフィールドの高いレベルに上昇させ、本来の二元的ではない（邪悪な意図がない）姿に変容させました。また、私はネガティブな呪いのエネルギーを根源までたどり、解消させました。時間と世代をさかのぼりながら呪いのエネルギー意識を解消させながら追っていくと、なんと九世代も前のアフリカに到達しました。これほど長く、世代を経て伝わるものがあるとは知らず、驚きました。

私は幼い頃からヘビが好きで、一緒に遊んでいました。後に知ったことですが、古代に世界じゅうで信仰された女神の宗教では、ヘビはサバイバル／癒し／変容の生命力を表すクンダリーニの象徴です。私は前にも、人の中にヘビがいるのを見たことがありますが、これほどの数が長い年月をかけて存在した例は初めてです。クライアント役の生徒は慢性的な背中の痛みを訴えていましたが、このヒーリングの後、痛みは消えました。

HEFの第四レベルの存在／物体と呪い／魔術のまとめ

1. 第四レベルのリアリティの世界はHEFの第四レベルと同じ周波数帯域にあります。
2. 第四レベルのリアリティのエネルギー意識を物品に宿らせて役立たせたり、害を及ぼしたりすることが可能です。物体に込められたエネルギー意識は人に送られます。お守りや護符には儀式によって第四レベルのリアリティの力が込められています。

3. 呪い／魔術は他人によってフィールドの中や外に置かれます。シャーマニズムや魔術やブードゥー教の呪術の心得があるか、その術を試みる者によってなされます。

4. このような術を使う秘密の団体は今でも世界じゅうに存在します。

5. 呪いをかける側の力が弱ければ、呪いは対象となる人のフィールドを貫通せずに外側に貼りつきます。そして、その人がエモーショナル・リアクション（ER）を起こしてフィールドが弱った時に呪いが中に入り込みます。

6. パワフルな呪術師によって何世代も続く呪いもあります。術を扱う者が自らの集中力（理性）と力（意志）に強い感情を注ぎ、自分のHEFをいかに操るかでパワーが変わります。

7. 呪いは解消すべきです。送り返してはなりません。それは相手を呪うのと同じです。

8. フィールドの中に第四レベルのリアリティの物体があれば、第五レベルに上昇させましょう。第五レベルはあらゆるもののテンプレート（と形）を作る神聖なフィールドです。物体をそこに持ち上げ、本来の目的へと回帰させます。

9. 第四レベルのリアリティの存在は一度作られると存在し続け、発展や進化を続けます。あらゆる存在がそうであるのと同じです。

10. 第四レベルのリアリティの存在は光の中に戻し、健康とバランスを回復させましょう。

11. 第四レベルのリアリティのヒーリングには無条件の愛を用います。HEFがクリアーでバランスがとれていれば、無条件の愛はハートチャクラの中心から全方向に放たれます。その状態に入るにはコアスター次元からハラ次元に向かい、クリアーで自然な意図の状態に入るとよいでしょう。

12. アストラルヒーリングで意志の力を使うと支配的になり、二元性に陥りやすくなります。

13. 独学でやろうとしないこと。未知のものに対する恐怖や自分の潜在意識にあるものの扱い方を習ってください。

14. あなたと第四レベルのリアリティの世界との関係は先祖の過去に影響を受けます。

15. 結婚などの重要な人間関係には双方の家系の過去のアストラルが含まれます。

16. ネガティブな信念体系でできた第四レベルのリアリティは互いに結びつき、影響を受けます。

17. HEFを完全に癒すにはアストラルヒーリングとタイムカプセルヒーリング、関係性のヒーリングおよびその他の高度なヒーリングが必要です。いくつかは本書で取り上げています。HEFの七つのレベルと生体エネルギー意識体系（HECS）の側面すべてに対するワークが揃って完全になります。[3]

18. あらゆる関係性はHEFの第四レベルを通して機能します。

19. 第四レベルは無条件の愛が湧き出る神聖な人間の心、ハートが基本です。[4]

20. 第四レベルのリアリティのヒーリングには無条件の愛が不可欠です。

3　『光の手』参照。

4　第四レベルのアタッチメントやインプラントを扱うヒーリングなどのテクニックは本書に含めていません。第四レベルのリアリティの世界に慣れる段階では自己変容のプロセスワークや深層心理にある未知なるものへの恐怖の扱い、また、個人サポートを必要とするからです。

カルマ

カルマの問題は「現代」人がしてきたように軽々しく扱ったり否定したりすべきではありません。カルマのために死にかけたり、精神が崩壊寸前になった人たちは本当にいます。昔ながらの対処法はさらに戦いを招くだけです。ヘヨアンは戦わない方法を教えてくれました。物体や存在のネガティブさを無条件の愛で溶かして光に戻すのです。二元性を行動に移して他者を傷つけないよう、いわゆる悪いカルマも取り除きます。

カルマは
葛藤や対立を解決する機会でもあり
現実に対する自分の誤解を
明らかにする機会でもある。
――ヘヨアン

解決に至っていない体験はフィールドに残り続けます。言い換えれば、ほとんどの人のHEFにはまだたくさんの機会があるのです。この世に生まれること自体が、いわゆるカルマの浄化の機会です。現世でも、それを解消するまで、同じようなネガティブな体験をくり返します。わずらわしく、悩ましいものではありますが、それが癒しの機会を作ります。生まれてくる目的の一つがこれなのです。

第12章の復習　ネガティブな意図の体験

1. あなたが体験した第四レベルのリアリティで、ネガティブな意図があるものや、ネガティブな快感を感じていたものは？
2. それはどのようなものだったか、書いてください。
3. 怖かったですか？　どう対処しましたか？
4. その体験から学んだことは？

第13章　「過去生」ヒーリングについて

個性化に向かい、出生と転生と呼ばれるプロセスを経て
きみは癒しのスパイラルを始めた。
それらの言葉——出生と転生——は
時間と呼ばれるもので分けて作った言葉。

多くの機会と多くの「生」を
きみは自分に与え、創造をする。
直線的な時間を使い、きみは過去に戻り
他の生での体験を思い出すことができる。
これらの生の経験はみな、自分を見て、知るためのツールなのだ。

——ヘヨアン

偉大な心理療法家スタン・グロフ博士はこう言っています。

「我々はみな、空間と時間と因果を超越した意識野が実現できる」

過去の出来事を思い出して再体験することの有用性をグロフ博士は説きました。つらい過去は無意識下に埋もれ、凍りついたようになっています。それをセラピーの場で再体験できれば、氷を解かす機会が得られます。これを「自分に向けて死なせること」と呼ぶセラピストたちもいます。グロフ博士のワ

ークは現世に加えて「過去生」も扱います。たいへん効果的であるため、いまや多くのボディサイコセラピーの治療家が取り入れています。深い自己探究が伴いますから、ヒーラー／セラピストも経験豊富で自らも自己のプロセスワークをおこなった人が適格です。超感覚的知覚と生体エネルギー意識体系（HECS）の知識を加えれば癒しはさらに速く、効果的に進みます。トラウマのエネルギーを直接HECSから除去すれば、肉体面の回復も急速に進みます。

「過去生」セラピーといえば、たいへん大きな題材です。ここでは全体的な基本情報を述べておきましょう。この章でまず過去生の癒しについて述べ、次に「過去生」と呼ばれる現象の新しい見方についてお話しします。私が現世と「過去生」のHECSに残留しているものを観察して作ったテクニックです。

過去生の体験には顕著な点が二つあります

1. 過去生での問題を解決しようとしている感じがある。学びの必要性を感じるものの何度もしくじり、過去生のヒーリングの必要性を感じる。あるいは、過去生で死の間際に感じた落胆や失望をずっと解決しようとし続けているように思える。
2. 過去生での人物はもう一人の自分か、自分の一部のように感じ、解決すべき問題がまだ残っているように思える。

身体を深くリラックスさせて過去へと向かう

深いリラクゼーションと退行を用いる過去生のセラピーの訓練を私が最初に受けたのはワシントンD.C.にある精神物理統合研究所（Institute for Psychophysical Synthesis：IPS）でした。ここで教わったのは、クライアントを特定の過去生のビジョンや感情に誘導しないことです。その代わり、静かに話しかけながらクライアントの身体に触れ、足元から順に深くリラックスした状態へと導きます。クライアントには幅が狭くてしっかりしたベッドかマッサージ台に寝てもらいます。身体の各部分がリラックスしたら視覚化へと誘導し、心身を過去に退行させます。終了後、セラピストはクライアントのトラウマに関する身体の部位をマッサージします。

この方法は段階を追ってクライアントの心身を過去に戻します。そうして、身体の特定の部位にブロックを作っているトラウマを再体験する補助をします。最初のトラウマ形成時も含めてすべてのトラウマが再体験されて解放されるまで、クライアントは同じ手順のセッションをくり返し受けます。これには過去生でのトラウマもすべて含みます。最初のトラウマが完全に癒えるまで、生体エネルギーフィールド（ＨＥＦ）のブロックのクリアリングは完結しません。たいていは、最初のトラウマと同じ性質をもつ最近のトラウマがまず解放されます。そこから順にさかのぼり、次のヒーリングでは最近に二番目に近いトラウマが解放されます。

全般的に見ると、現世での大きな問題はほぼすべて、過去生から持ち越されたものが原因でした。それが現世に生まれる時の出産外傷として表れる場合もあります。ある女性の事例では、慢性的な首の痛みの問題がありました。母親が自宅で分娩して彼女が生まれた時、へその緒が首に巻きつき、生後数日間にわたって彼女の顔は真っ青でした（泣き声も出しませんでした）。幼少期にも首のケガが相次ぎました。五歳の時にはシカゴの野外ミュージアムの入り口にあるライオン像に上り、兄に押されてコンクリートの地面に頭から落ちたそうです。大きくなってからは車の追突事故にも遭いました。彼女は助手席に乗っていましたがシートベルトがなく、頭をフロントガラスにぶつけてむち打ち症になりました。物を持ち上げたりして首に負担がかかると調子が悪くなり、痛みが長引きます。このような後遺症を癒すのはたいへんで、根気よくケアを続けながら再発を防止しなくてはなりません。ということは、次のようにも考えることができます。

慢性外傷は
自分を大切にすることと、
自分の欠陥を愛して受け入れることを
教えてくれます。

この女性の問題に関わる過去生を紐解くと、彼女は首に縄を巻かれて杭につながれ、焼かれた記憶を思い出しました。逃げようとしても縄がきつくて逃げられません。人々に助けを求めても知らん顔をされるだけ。もし彼女に関われば、自分にも災難が降りかかるからです。もがけばもがくほど首の縄が絞まります！　絶望の中で彼女は息絶えたのでした。

彼女の現世の課題は希望を見出すことでした。必要に迫られて助けを求め、それによって希望を探したというわけです。そして助けを得ることができました。

クライアントのリードに従う：ヒーラーはクライアントのリードに従うことが大切です。クライアントが訴える問題を視野に入れ、クライアントの内面で心身が向かう方向についていくのです。ヒーリングはタイムカプセルが完全に消えるまで続けます。完了すればクライアントのフィールドは浄化され、同じ問題をくり返さなくなります。自分や自分の生き方に対するネガティブな捉え方は解消するでしょう。クライアントは自ら癒しの過程に参加をして回復し、自ら人生を切り開く力を得ます。自尊心も高まります。ヒーラーの助力も大きいですが、わだかまりを再び体験して解消し、痛みを癒すのはクライアント本人です。

ヒーラーはトラウマ化したエネルギー意識をＨＥＦから除去する手助けもします。クライアントのフィールドがクリーンになった後は、再チャージと再構築を促します。また、トラウマに起因するアンバランスについて、心理的なプロセスを説明します。私たちはヒーラーとして、クライアントが肉体から感情を解放する援助をするだけです。その過程を見届けるためにそこにいます。クライアントはそれに応え、過去生からの問題を解決していきます。未解決の体験が癒されるまで、現世での生命エネルギーはブロックされたままです。

このバイオエナジェティクスの手法を用いる中で、私はさらに、自分の深いところから霊的な癒しの要素を引き出しました。私にはフィールドが見えていたので、肉体とフィールドを流れる自然の生体エネルギーの観点からワークを始めていました。身体の中のブロックに流れを促し、たまったものをクリーニングし、弱い部分に清浄なヒーリングエネルギーをチャージするのです。私のビジョンはさらに開きました。ＨＥＣＳ全体のエネルギー意識だけでなく、問題の原因となる出来事も見えるようになりました。

そしてまもなく、クライアントの過去生も見えるようになりました。最初は怖かったので黙っていました。クライアントの現世と過去生の体験は関連しており、過去生で解決されなかったものが現世に引き継がれています。それはフィールドの中で、現世の体験と同じ部分に深く埋もれています。これを見た時は、はっとしました。死んでも問題が解決するわけではありません。来世に引き継がれ、また同じ状況や問題に直面するでしょう。

クライアントの過去生を見る

クライアントの過去生が見えるようになると、私は臆病になり、何年も口を閉ざしました。最初の体験はよく覚えています。心霊的な情報との向き合い方に悩んだからです。

このクライアントを仮にサラと呼びましょう。サラがベッドで退行催眠に入るとすぐ、私はビジョンを見ました。私はガリラヤ湖畔に立っており、近くにある小舟にはキリストの衣が置かれています。遠くの湖面に金色のまばゆい光が現れました。その光はどんどん大きく、明るくなってきます。光がとても近くなった時、キリストが私の方にやってきたのだと気づきました。しかし、クライアントはユダヤ教徒です。私はこのビジョンをどう捉えてよいかわからず、黙っていました。

ヒーリングの間に私が見るものはみなクライアントに関するものです。でも、私がキリスト教徒として育ったことを考えると、このビジョンは私に関するものだったのかもしれません。その後もサラがヒーリングに来るたびに同じビジョンが見えました。たぶんサラは過去生でイエス・キリストを知っていたのだろうと思いましたが、私は何も言いませんでした。そのビジョンは私のものかもしれないし、そうでないかもしれません。確信がなければ黙っている方が賢明です。後に経験を積んでからは無言でヘヨアンに尋ねるようになりました。

クライアントの過去生を見てどのように対応するか

それ以来、私は多くの過去生ヒーリングをしました。過去生が見えるのは私の方がたいていい先ですが、クライアントにそれが見えるまで黙っておきます。これはとても大事です。ヒーラーが先に話してしまうとクライアントは自分で体験する機会を失くし、疑念も生まれます。一方、ヒーラーから何も聞かずにクライアント自身が過去生を体感すれば、正真正銘の自分の体験となり、大きな癒しになります。クライアントは自らが得た過去生の情報を活かし、現世に引き継いだ問題を解決していくでしょう。これが過去生ヒーリングのパワーです。現世についての情報だけでは到達できない深い解決をもたらします。

いわゆる「過去生」の幅広い見方

長年にわたり、クライアントの「過去生」の多くの現象を見てみると、解決できなかったことが来世に持ち越され、その問題をめぐっていろいろなタイプの人生が相互に関係していることがわかります。転生のたびにくり返してきたパターンを打ち破ると、現世での人生は急激な変化を遂げ、満足できるものになります。

過去生の現象の概要

過去生の現象を扱う方法は次の四つに大別できます。

1. サイキック：過去生の情報をリーディングまたはチャネリングする。
2. パラサイコロジカル（超心理学的）：過去生について科学的に実験調査をし、その存在の有無を検証する。
3. 宗教：輪廻を信じるかどうかは教義によって異なるが、世界の宗教のほとんどで生まれ変わりが信じられている。キリスト教では西暦三二五年のニカイア公会議で死者の復活が削除されたという説がある（それを裏付ける書籍が数冊出ているがカトリック教は公式ウェブサイトで否定している）。

4．心理療法的／ヒーリング：人生体験を改善する治療的なワークとエネルギーヒーリング。この章ではこれに注目する。

過去生体験の先駆者たち

イアン・スティーヴンソン博士：精神科医イアン・スティーヴンソン博士は子どもたちが生まれる前に生きていた時の記憶や生まれる前に死んだ時の記憶を話すことに気づきました。当時バージニア大学の精神医学科の主任教授だった博士は同大学で研究グループを率いて古い記録を調査し、子どもたちの証言を中心に過去生のエビデンスとなるものを探しました。スティーヴンソン博士は二〇〇七年に亡くなりましたが、彼の研究はかけがえのないものとして語り継がれています。その概要は次のようなものです。

スティーヴンソン博士は五十年間にわたり、世界じゅうの子どもたちの過去生の記憶を科学的に記録しました。過去生をすぐに（催眠なしに）思い出せる子どもたちを対象に、次のような方法論を用いました。

1．子どもの発言を整然と、克明に記録する。
2．子どもが記憶している故人を特定する。
3．子どもの記憶とその故人についての事実を照合する。
4．子どもの体にある痣（あざ）や障がい、傷跡などを、故人の医学的な記録と照合する。

5.「普通」に起こり得ることとして説明可能なものをすべて除外する。

スティーヴンソン博士が得た結果：博士は三千例以上の照合結果を集め、痣と過去生との関連性などを調べて『転生とバイオロジー（*Reincarnation and Biology*）』（未邦訳）という二千二百ページ超の本にまとめました。

ハロルド・リーフ博士は「スティーヴンソン博士が壮大な失敗を犯しているのでなければ、二十世紀のガリレオとして名を馳せるだろう」との言葉を『神経精神疾病ジャーナル』に寄せています。

カール・ユングの過去生現象についての見方：一方、カール・ユング博士は過去生の有無には注目せず、元型の現象を心理治療的な目的で捉えました。彼はアーキタイプまたは元型と呼ぶもの——古代からある普遍的な人物像——が人間の精神の根源にあると説きました。私たちの中にある英雄や悪者、恋人や暴君などのような性質は元型から派生するとしたのです。ユング派の心理療法ではこうした元型を表に出して認識し、人格に統合します。

「人は光の想像によってではなく、闇を意識することで啓発される」とユングは述べています。

ユングは過去生を真っ白なスクリーンとして捉え、そこに深層心理にある元型を投影すると考えました。このワークは多くの手法に発展し、不愉快でネガティブな性質を影（シャドウ）として抑圧せずに見つめる「シャドウワーク」として知られるようになりました。

他にも深層心理を探索する技法がたくさん発展しました。精神力学のプロセスにおいて真実とはクライアントにとっての真実とされ、真実を探すことは意味を探すこととみなされるようになりました。また、意味の模索こそ患者の人生におけるシンクロニシティの意義だとされました。シンクロニシティとは、状況が示す事実から個人的な意味が見いだせるような偶然を指します。

境界線の見張り番：心の闇に踏み込む時はタイミングや程度の見極めも大切です。セラピストは混沌とした深層心理をどう見抜くのでしょう？　それは日常生活を送る時の意識のように秩序立ってはいません。象徴的で非論理的で、元型的で予測不可能で、陰険だったり意地悪だったりすることも多いです。人はみな心の中の境界線に見張り番のようなものがいて、性急に深入りされないように防御しています。神殿の門や曼荼羅の縁に鎮座する、怖い形相の怪物のようなものが心の中にあるのです。第10章に登場した黒い女神カーリーも、鋭い牙や爪を立て、クライアントのフィールドの第七レベルにしがみついていました。これらはクライアント自身の恐怖を表します。入り口で警戒し、心の準備ができていない領域に入るまいと抵抗しているわけです。

過去生セラピーは適切に、また、クライアントに与える影響の大きさを理解して実施しなければ、まるでパンドラの箱を開けるようなもの。つまり、クライアントが制御できないほどの力が放たれてしまうかもしれません。今の問題に対する答えを過去生に求めるのは、その道に熟練した人でなくてはなりません。いわゆる過去生を知ってショックを受けることもあるからです。クライアントが「過去生」で殺人者やレイプ犯や残虐な兵士などだったとすれば人格全体を揺るがしかねません。すべてを過去生のせいにして、いっそう自己批判をしたり傷ついたりする可能性もあります。また、誰かが自分を過去生で傷つけたと思い込んで利用する場合もあります。これはかつて私が運営していたグループで実際に起きました。メンバーの中に過去生で自分を虐待した人がいると、ある女性が言い出したのです。だから現世では相手にひどいことをしてもいいのだと彼女は主張しました。これは私がセラピーグループを運営した経験の中で最も衝撃的なことだったかもしれません。この女性には退会するようお願いしなくてはなりませんでした。

しかし、過去生は捨て去るべきものではありません。いくつもの過去生のそれぞれと自己とのバランスをとり、さらに新しく大きな自意識へと統合すべき、生きたエネルギーです。

すべての過去生を紐解けば、転生のたびに正反対の人格になるのがわかると言う人たちもいますが、私にはまだ定かではありません。私は逆に、人は環境が変わっても似たような体験や人生をくり返す傾向があると見ています。学び終えるまで同じ試練に何度も出遭っているかのようです。

第四レベルを扱うヒーラーにとっての落とし穴

投影は第四レベルのリアリティの世界に入りたての頃やワークをし始めた頃にまず障壁になるものの一つです。この世界の仕組みがわからなければ、自分自身の二元性をたやすく投影してしまいます。曇らせたガラスを通して見る世界には自分の闇が投影され、ありのままが見えません。第6章（上巻）の超感覚的知覚と同じく、悪いものを探さず、ありのままを見るべきです。恐れる気持ちがあると、次の三つの現象のいずれかを招くでしょう。

1. 自分が恐れているものが投影され、目の前に現れる。自分の恐怖心が創造的な力として働き、恐れている出来事や存在を作り出します。投影したものが創造されるということです。
2. 恐怖のエネルギー意識と似たエネルギー意識を引き寄せる。まさに自分が恐れているものが第四レベルのリアリティの世界に引き寄せられます。恐れと向き合うプロセスワークが必要です。
3. 霊的な能力を発揮しようと躍起になる。これもバーバラ・ブレナン・スクール・オブ・ヒーリング（BBSH）のトレーニングでよくある落とし穴です。根底にあるのは、自分は超感覚的知覚などまったく使えないのではないかと恐れる気持ちです。無理に超感覚的知覚を使えば自分の内面が投影され、自分でも戸惑うような複雑な空想につながり、かえって上達に支障をきたします。超感覚的知覚の能力の向上には忍耐と謙虚さ、自己変容のプロセスへの集中的な取り組みと、スキルの練習が必要です。

第四レベルのリアリティの現象を誤用しないために

第四レベルのリアリティの現象の誤った扱い方がいくつかあります。

まず、陰口や悪口を言うこと。ほとんどの人は自覚していませんが、これは最もよくあるサイキックアタックなのです。みんな慣れっこになっているものの、いい気分はしていません。というのも、私には悪口を言う人からネガティブなストリーマー（エネルギーの流れ）や鋭いエネルギーが相手に飛ぶのが見えるからです。どれだけ物理的な距離が離れていようと関係ありません。

サイキックアタックの対処法：たいていの人は自分がネガティブなストリーマーで人を傷つけているのに気づいていません。はっきりと言える相手であれば指摘しましょう。その場にいない人の陰口はよくないと伝えるか、さりげなく話題を変えるだけでもかまいません。中傷されている人の周囲に保護のシールドを張ってあげてもいいでしょう。

ヒーラーの無意識下にあるネガティブな意図もサイキックアタックの一形態で、非常にネガティブな影響があります。以下に実例を挙げますが、どの例もクライアントにエネルギー意識のストリーマーとアタッチメントが向けられています。しかし、ヒーラーは自分の行為をまったく意識できていないようでした。

1．明らかにトレーニング不足で、クライアントに理不尽な要求をする。クライアントの状態や癒しとは無関係のふるまいや行動をするように指示する。

2．自己の精神力学のトレーニングをじゅうぶんに積んでいない（あるいはまったくしていない）。自分の行動の根底にある動機に対する認識が乏しい。ある女性ヒーラーはクライアントである私に従順な子どもでいるよう無意識に要求していた。私のことをずっと「ガール（お嬢ちゃん）」と呼ぶので私はヒーリングの際にそれを指摘した。帰り際に彼女はまた「ガール」と皮肉っぽく呼んだので、私はそのヒーラーに二度と会わないことにした。

3. 自分は他のヒーラーよりも優れていると言い、他の人々の批判や中傷をする。彼らは自分のフィールドにひどい想念形体を作って悪口の対象者に送っているのに無頓着のようだった。

4. 一週末だけのトレーニングを開催し、回復の見込みがない脳腫瘍の患者に短時間のグループヒーリングだけをして「治した」と主張する。病院に行く必要はないと言われた患者はまもなく亡くなった。

無意識のネガティブな意図を扱う方法：クライアントの病気が重症であれば、必ず医師にかかるように念を押してください。もしクライアントが拒否すれば、ヒーラーと医師を自分で選ぶように伝えるといいでしょう。私のところにも、医師にかかりたくなくてヒーラーに頼る重症患者がたまに来ました。私はすぐに医者に診てもらうようにと言いました。担当医が決まり、クライアントの許可を得てその医師に受診の確認ができるまでヒーリングはしませんでした。

否定や拒絶の裏側には非常に深い恐怖が隠れている場合があります。

アストラルへの反応でパーソナルプロセスを要する段階

第四レベルのリアリティのヒーリングワークを学ぶ人が一通り体験する段階があります。どの段階も慎重に、やさしい愛をもって扱わねばなりません。

1. まず、第一段階で夢中になります。第四レベルのリアリティに入ることは、自分の周囲と内面とにまたがる世界に入ること。みな好奇心を抱きますから、最初はとても魅惑的に感じます。意識が肉体から抜け出して近くや遠くの友だちを訪ね、外国や太陽系や、それらを超えたところに行けると聞いたことがあるからです。ですから、新しい世界の探索にわくわくします。物質界と似た感覚で、楽しさを期待しています。でも、第四レベルのリアリティは物質界のようではありませんし、まったく楽しくない時もあります。多くの人はそれを聞いたことがなく、また、聞いたとしても信じません。

2. 第二段階では不安になります。第四レベルのリアリティに真実味が帯びてくると、人は不安を示し、それから話題をタブー視します。宗教によっては教義に反する危険なものとみなされるため、関わり合いをやめる人もいます。彼らにはそれがいいかもしれません。自己の心理を見つめるワークを重ね、物質界で健康的なグラウンディングができるようになるには何年もかかります。

3. 第三段階では恐怖を感じるかもしれません。天使やガイドを見て心地よい体験をしたなら別ですが、いずれは気持ちが落ち込んだり怖い夢を見たりした時に恐怖を感じます。第四レベルの底知れない実態に気づく時です。天国はよくても地獄は恐ろしいでしょう！　また、第四レベルのリアリティの中で迷い、とらわれる可能性にも気づくでしょう（また、本当にそうなる場合もあります）。統合失調症と診断される人々もいると思えば、特に恐怖を感じます。

4. 納得できる現実システムの構築が第四段階です。自分の中にある恐怖を心理療法的に学び、第四レベルのリアリティの体験を捉える基本システムができた状態です。第四レベルのリアリティの世界の物理を学び（第9章）、身をもって体験すると、その世界の働き方が理解できるようになります。物質界とは異なっていても不可解ではなくなりますし、自分で進む方向を見つけることができます。

自分のエモーショナル・リアクション（ＥＲ）を制御してネガティブな悪循環が断てるとうまくいきます。どんな体験をしても自分を整えられるよう、学びも必要です。自分の内面においても外側においても、未知のものに対する潜在的な恐れをなくすためです。もちろん、敏感に反応してしまう部分は誰にでもあります。時空に散らばるように存在する断片を拾い集めて自己の中心に統合していきましょう。この作業は多くの転生を通してずっと続きます。

パーソナルプロセスにおける転移と投影

第四レベルのリアリティのワークに関してパーソナルプロセスをする際は、転移と投影が体験に与える影響を理解することが大切です。

また、自己と深くコンタクトすること。自分にとって重要な人物（幼少期に権威者として見ていた大人）の性質を誰かに投影した時に転移が起きます。その際の権威者は「転移対象」と呼ばれます。

投影とは自分の感情を他人に帰属させる心理現象です。自分が相手に対して怒っているのに「あの人は私に怒っているから怖い」と思うのはよくある例です。自分の怒りのせいで人が怖く見えるのです。これを理解して潜在的な恐怖を癒せば、真のリアリティとは何かがはっきりとわかるようになります。

私は長年セラピーを受け、また、バイオエナジェティクスのセラピストになるトレーニングも受けて理解を深めることができました。以後も誰かのもとで自分に対するパーソナルワークを続けています。

第四レベルのリアリティの世界に入ってヒーリングをするなら、かなりのパーソナルプロセスワークが必要です。アストラル界での体験にまつわる心理的な問題への対処の方が、実は難しいからです。

私がそうした体験をし始めた頃は、第７章（上巻）で述べたようなロードマップはありませんでした。

経験を積み重ね、自分で道を見つけていったのです。それでは、私が第四レベルのリアリティの世界で遭遇した存在たちやさまざまな体験についてお話ししていきましょう。最初に私自身のアストラル体験について述べ、次に、セラピーやヒーリングセッションで起きたことをご紹介します。

話に聞いていたことを実際に体験した私は驚き、人間の体験には限界などないと知りました。アストラル界の機能やそこにいる存在たちについても視野が広がりました。存在たちをどう扱い、いかにコミュニケーションをとって助けるかを、ここにご紹介する経験を通して学びました。

クライアントによる過去生のワークの誤用

過去生のワークをクライアントが誤って扱う場合は次の三通りに大別できます。

現世での問題を避ける：現世で自分が抱える問題から逃避するために過去生に意識を向けます。「過去生での自分」はたいていパワフルで裕福で、有名人である場合も多いです。

投影して非難する：現世で出会う人々に自分の感情を投影し、非難します。過去生で自分を虐待したのは彼らだと思い込み、現世で仕返しすべきだと考えます。もしかしたら過去生で本当にそうだったかもしれませんが、他人に意識を向けても自分の癒しにはまったく役立ちません。成就していない創造は自分のものです。彼らのものではありません。

過去生を悪用する：過去生から持ち越した課題があると主張して、現世で不当な利益を得ようとします。極端な例が実際にありました。過去生の勉強会に夫婦で参加していた男性が他の女性会員たちに「過去生では君が僕の妻で、性的にうまくいっていなかった。現世で性交渉をして解決しなくてはならない」と言って回っていたのです！　何人かの女性が彼を信じてそのとおりにしましたが、過去生を都合のよい言い訳にしただけかもしれません。この勉強会は田舎で開催しており、彼が林の中の小屋を密会に使っていたことも発覚しましたが、その年度のクラスは終了した後でした。以後、会員どうしが夫婦でない限り、いかなる性的な行為もおこなわないという規約を設けました。こうした行動があると集団のダイナミクスに影響が及びます。

第13章の復習　あなたの過去生の探索

1. あなたの過去生の体験を時系列順に挙げてください。
2. それらの体験は現世での体験にどう影響していますか?
3. 過去生で解決できていないことに関して、今もあなたが抱いているイメージや考えは?
4. 過去生の体験から自分について学んだことは?
5. 過去生での人物に気づいたことはありますか?　あなたにとって、それはどのような体験でしたか?

第14章　タイムカプセルヒーリング　過去へのとらわれを解放する

幼い頃の傷に入って痛みを感じたら
そこに創造の力がいくらかあるのがわかるだろう。
その力は傷ができた時からそこに閉じ込められている。

だから過去と呼ばれるものは
タイムカプセルに閉じ込められた創造の力。
実はそれは、時間の中にある過去ではない。

むしろ、それは創造をする光のエネルギー。
傷にたまったうねりの中で歪んだ光。

過去の幻影とは
実は、滞留している創造のエネルギーなのだ。

そのエネルギーは普通の創造のパルスで
動いたり流れたりできていないのだ。

いわゆる記憶を理解するのに
きみは時間の概念を使っているね。

だが、記憶とはもしかしたら
そこで凍りついている体験を指すのかもしれない、と考えてみてほしい。
その体験はカプセルの中に収まっている。
タイムカプセルと呼んでもいいだろう。

ただ、創造のエネルギーが滞っているだけだ。
創造のパルスで動いていないエネルギーだ。

——ヘヨアン

私たちはみな、自分にとっての現実を内面で作り上げています。自分のことや自分の人生、また、他の人々について捉えています。

その捉え方のある部分はホリスティックであり、健康的な大人のエゴに統合されています。すこやかに、うまく過ごせる部分であり——富をもたらしてくれる面でもあるでしょう。現実を健康的に捉えられれば愛や幸福に恵まれ、満ち足りた暮らしが創造できます。友と叡智を分かち合うこともできます。友に恵まれ、友を癒し、友の人生を癒す手助けもできるでしょう。友もまた、同じことを返してくれます。

それなのに、人生はなぜ完璧ではないのでしょう？　それは私たちの内面の現実体系に健康的でない部分があるからです。その部分は分裂し、葛藤しています。たいてい半々に分かれていて、二元的です。誰もがみな、内面にある二元性に基づいて、不健康な現実認識のしかたをしています。

内面にある二元性

私たちが内面に作り上げる、二元的で不健康な現実はたいてい曖昧であり、無意識に隠れています。これが不健康な信念体系を作ってトラブルを招き、苦痛をもたらします。トラブルは他人の人生にも及びます。特に、自分と似た二元性をもつ人を問題に巻き込みます。つまり、自分の人生と一緒に友の人生もめちゃくちゃにしています。まさか、そんなことになろうとは望んでもいないし、意識的にわかってやっているわけでもありません。誰も望まない結果につながるとは気づかずに、よかれと思ってアドバイスや行動をしています。

無意識の二元的な信念や
無意識の二元的なエネルギー、
そして無意識の二元的な意図に
自分で気づくことが大事です。

そのためには内面の掘り下げが必要です。ヒーリングではタイムカプセルヒーリングというパワフルなテクニックを使い、次に挙げるものを見出します。

1. 分離あるいは二元的な信念と、その起源。
2. それらの信念の結果として生まれる分離あるいは二元的な意図。

3．分離あるいは二元的な意図がその中でいかに対立し合っているか。
4．分離ではなく結合に向けて、本当はどのような結果を出したいと望んでいるか。

第3章（上巻）の内容を思い出してください。ブロックされたエネルギーは分裂した意図を生み、二元的になっています。

二つの概念は互いに相反しています。
二つの未解決で不完全なリアリティの概念でできています。
二元的なエネルギー意識は

何かを成し遂げようとしても
二つの意図がぶつかり合って
創造がブロックされてしまいます。
二元的なエネルギー意識があれば
本当に望むものの創造は不成功に終わります。
創造に必要な
クリアーで整ったエネルギーが
じゅうぶんに得られないからです。

どちらの側にも強い意志の力が働き、それぞれが要求をします。そうすれば自分が恐れていることが起きないで済むと思っているからです。昔のいやな体験と似た状況に陥ると、この意志の力は自動的に――また、たいていは無意識に――働き始めます。

いまだにそれがいやで不愉快なのは
それがまだ解決していないからです。

そのいやな体験は幼少期に起きたか、過去生で起きていたかもしれません。複数にわたる過去生という場合もあります。現世や「前の」人生で起きたのと似たことが起きるとすぐに、以前に味わった恐怖が生まれます。この恐怖はたいてい無意識です。最初の体験時に無力だったために、恐怖が意識下に押し込まれているのです。似た状況を乗り越えるために（あるいは生き残るために）恐怖を抑え込むわけです。

創造を成就させるには、目的にまとまりや一貫性が必要です。曖昧な目的はたいてい分裂しています。分裂して二元的だということは、自分の中の「矛盾」を示します。これでは創造を成就させるエネルギーが得られません。したいと思うことが何であれ、創造のエネルギー意識が二元的である限り、能力が妨げられてしまいます。

タイムカプセルヒーリングの目的

タイムカプセルヒーリングは創造的なエネルギーを増強し、現世で原因が見つからずに長引く問題を癒すことを目的としています。タイムカプセルヒーリングは何百年も――あるいは数千年も――二元性の中で停滞していた創造のエネルギー意識を解放します。

タイムカプセルヒーリングは二元的な創造のエネルギーをホリスティック（全体的）な状態に還元し、本来の目的を達成させます。タイムカプセルヒーリングではあなたが望む人生を再創造できるのです！なぜなら、ホリスティックな創造のエネルギーが再び生体エネルギー意識体系（ＨＥＣＳ）に流れると、慢性的な状態を癒して変化を起こす力が出るからです。人生をエンジョイし、望むものが創造できます。

タイムカプセルとは何か

タイムカプセルとは過去生でも現世でも未解決の、癒されていない出来事の集合体です。痣などとなって肉体に表れる傷や情緒不安定および理不尽な問題行動、相反する信念体系などが「類は友を呼ぶ」法則で引き寄せ合っています。これらが一人の人の中にあるのですから、人間とはなんと複雑でしょう。

タイムカプセルはブロックの原型の周囲に塊を作ります。ひらたく言えば、誤った考え方や信念のまわりにたまります。「人生とはこうあるべきで、自分はこうあるべきだ」という思い込みを取り囲んでいるのです。これはやがて、肉体の傷や損傷となって何度も現れます。エネルギーフィールドでタイムカプセルがあるところに肉体の傷ができるのです。タイムカプセル除去の手順は第3章（上巻）で述べたブロック除去の手順と同じです。

過去生での傷の七つの特徴：前世での問題や傷は、その次の来世で痣となって表れたりすることがあります。過去生の傷には主に七つの特徴があります。
1．同じトラウマから起こり、身体の同じ場所にできる。
2．複数の傷が同じエネルギー意識で引き寄せ合う。現世で肉体に傷を負っている部分を見れば、それと似た過去生の傷がたくさん見つかる。

3. それらは時系列順に並んでおらず、似通ったエネルギー意識の形で生体エネルギーフィールド（HEF）にとどまり、他の部分から隔絶されている。
4. HEFのパルスと流れは傷を避けて通る。
5. 現世で作られた傷ではないことが最も大きな違い。
6. これらの傷は過去生のトラウマと呼ばれてきたもの。しかし、この章ではそれを見直し、さらに広い見方をします。第9章で述べたように、第四レベルのリアリティの世界では、心が傷つく体験はきちんと時系列順にまとまっていません。
7. 心が傷つく体験は共通点でつなぎ留められている。似たものどうしが集まって蓄積し、肉体面での問題やケガとなってその場所に表れる。

HEFの第四レベルにあるブロックが相互につながるのに時間は無関係だと覚えておいてください。第四レベルのリアリティの世界の情報は四次元のフィールドにありますが、普通の三次元の物理的な視点で見れば三次元的であるように見えます。単に、私たちがその見方に慣れているだけのことです。

でも、ブロックの中では
物質界のように未来に向かって
時間が矢のように進んではいません。

ブロックができた瞬間からずっと

その中で
時間は凍りつき、止まっています。
ＨＥＦの第四レベルでは
ブロックが占めるスペースの中で
エネルギー意識がカプセルに包まれたようになっています。

これを別の言葉で説明しましょう。

ＨＥＦの第四レベルにあるブロックの内部には、そのブロックができた瞬間に凍りついた時間が詰まっています。そして、他のＨＥＦの流れやパルスから隔絶されています。昔の深い心の痛みに気をとられずに日常生活が送れるのは、このためです。

ヒーリングでは新しいタイプの時間を活用します。すると、次のことがわかります。

ＨＥＦの第四レベルでは
物質界のように
時間の中に体験が包まれているのではなく、
体験の中に時間が包まれています！

タイムカプセルを解剖すると

一つのタイムカプセルには多くの過去生で発生した特定の種類の傷がいくつも詰まっています。それらの傷の一つひとつは物質界のある時間と場所でできたものですが、私たちが思うような時系列の順には並んでいません。その代わり、HEFの中で肉体の内外の特定の場所に存在します。そこは現世で不調が起こりやすい箇所であり、完全にすっきりとはせず、慢性的に痛む場合もあります。

図14－1はタイムカプセルの略図です。肉体に現れる時系列順で「過去生」に番号をつけました。たとえばT1はタイム1の略であり、この種類の傷が最初にできた時を示します。これは何代も前の過去生です。ここでは便宜上、九回転生したとして説明しています。タイム9（T9）は最後に傷ができた時で、過去生または現世のいずれかです。図14－1で示す転生が連続しているとは限りません。このような傷を負わなかった人生が間にたくさんあるかもしれません。タイムカプセルは二元的な信念体系をもつ原型の周囲に発生し、似たタイムカプセル同士が寄り集まって肉体のどこかに凝縮します。最初の体験が最も深く（T1）、その次に類似の体験が起きた時がタイム2（T2）となります（時系列順に並んでいないというのはこのような意味です）。

また、タイムカプセルは長く維持されるほどフィールド深くに圧縮され、さらにコンパクトになります。私が見た例では英文のピリオドぐらいの小さなサイズとなって垂直のエネルギーの流れ（VPC）の奥深くに圧縮されたものがいくつかありました。

タイムカプセルヒーリングが主に効果を発揮する例

1. 慢性的、あるいは理不尽な恐怖。溺れるのではないかと恐れる、閉所恐怖症、狭所恐怖症、昆虫や蛇などを怖がるなど。
2. 不安感や自信のなさ。
3. 慢性的な抑うつ状態とエネルギー不足。
4. 恐怖症。
5. サディスティック／マゾヒスティックな行動の問題。
6. 罪悪感と殉教者的なコンプレックス。
7. 物質的なものへの不安。
8. 摂食障害。
9. 事故。
10. 暴力や身体的な残虐性。
11. 長期的な家族の問題。
12. 性に関する困難な問題。
13. ネガティブでアグレッシブな性的行為。
14. 結婚生活の問題。
15. 慢性的な身体の不調。

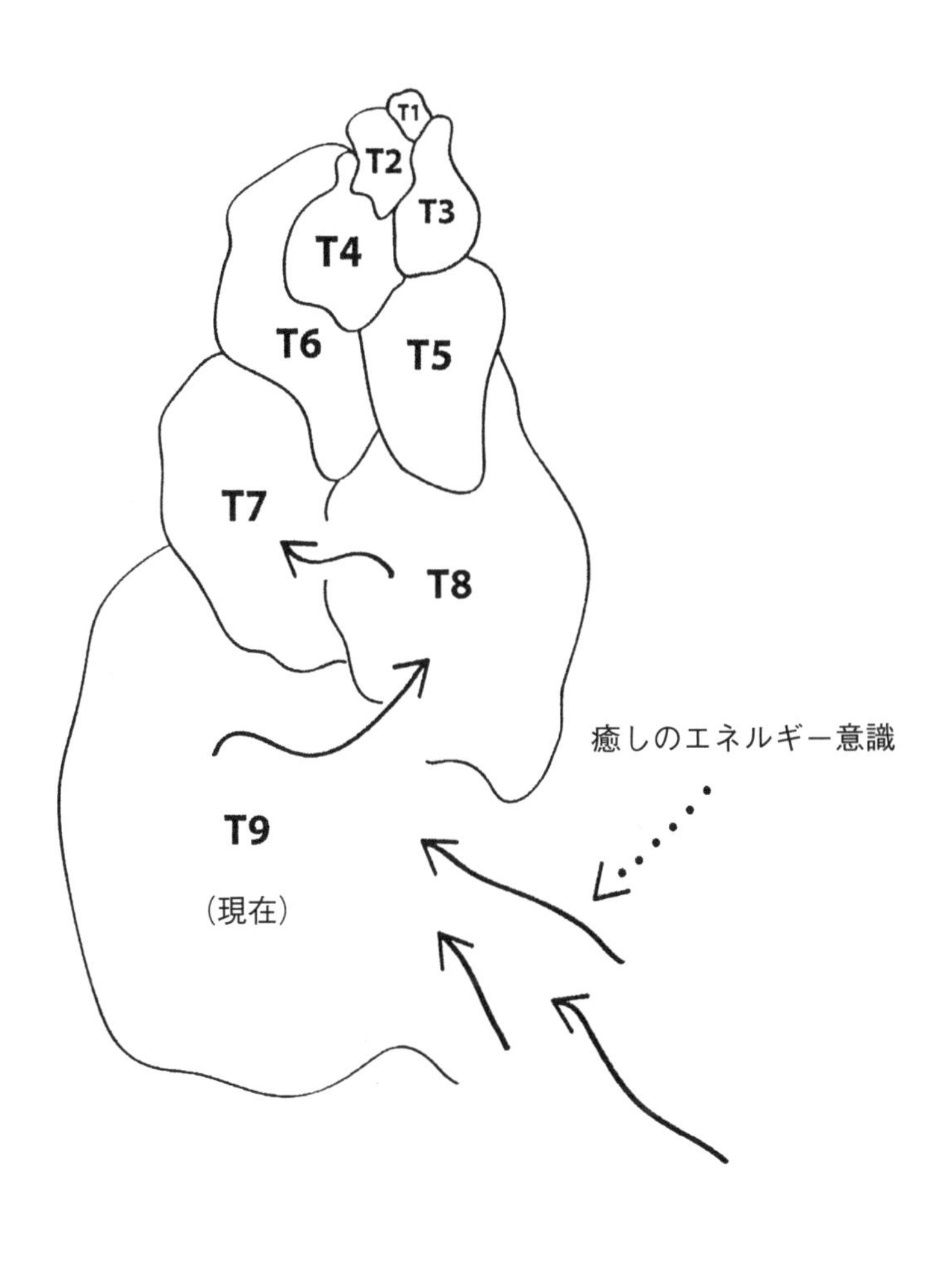

図14－1　タイムカプセル

タイムカプセルヒーリングのプロセス

タイムカプセルヒーリングの全般的なプロセス：タイムカプセルヒーリングはブレナンヒーリングワークとエネルギーフィールドの現象を前世療法や退行催眠に統合したものです。タイムカプセルはＨＥＦのすべてのレベルに、また、生体エネルギー意識体系（ＨＥＣＳ）全体に影響を及ぼす可能性があります。ヒーラーは主にフィールドの第四レベルにあるタイムカプセルの解放に集中し、その後、すべてのレベルが自然に立ち直るのをフォローします。ＨＥＣＳ全体は数週間――あるいは何ヶ月も――かけて健康的な状態へと立て直されていきます。この期間中、クライアントは新たに解放された創造のエネルギーを自分になじませ、新たな自由を体験します。癒しが進めば驚くような変化も起きるため、慣れる時間が必要です。クライアントは自分の人生を生きている実感を体験します。

急速な変化が落ち着き、新たな心境に慣れてきたら次回のタイムカプセルヒーリングの機会を設けます。どれぐらい期間を空けるかは人それぞれです。クライアントがどれぐらいサポートを受けられる環境にいるか、また、どれぐらい変化に対応できるかによります。

一週間に何度もタイムカプセルヒーリングを受けるクライアントもいますが、一般的には週に一度か二度ほどです。ヒーリングの結果として起きる変化にクライアントがどれぐらい対応できるかで判断します。

タイムカプセルヒーリングの間の超感覚的知覚：タイムカプセルヒーリングではまず超感覚的知覚でＨＥＣＳを見てタイムカプセル内の過去生の形状を見つけ、癒しを必要とする体験を見定めます。ヒーリングを計画したり、ヒーリング中にクライアントを誘導したりするのに超感覚的知覚の情報は使いません。クライアントと共にしっかりと存在するために使います。また、ヒーリング後にクライアントが自分の体験について話すまで（話すかどうかはクライアント次第です）、ヒーラーは超感覚的知覚の情報を伝えません。伝える場合はクライアントの体験を裏づけるようにして話します。あるいは、クライアントが自分で体験したことへの理解を深めるために、クライアントが得た情報を補足する場合もあります。

手のエネルギーの調整：バーバラ・ブレナン・スクール・オブ・ヒーリング（ＢＢＳＨ）を卒業したヒーラーは多くのテクニックを用います。タイムカプセルヒーリングについても本書の内容以上の訓練を積んでいますが、両手を流れるエネルギーの調整はあらゆる種類のヒーリングに必要です。ワークショップの初日でも実践しますし、ＢＢＳＨの一年生にも教えます。両手ですることはごく単純ですので、そのままプッシュ、プル、ストップ、アラウ（容認）、ニュートラルと呼んでいます。新入生は手のエネルギーを押し出す（プッシュ）モードや止める（ストップ）モード、エネルギーの流れに従う（アラウ）モードなどを習得します。エネルギーを向けたい方向に向けたり、エネルギーの手でクライアントのフィールドから害のあるエネルギーを引き抜いたりする練習もします。有害なエネルギーが手首や腕に取りつく前に止めて浄化し、光に放って昇華させますから心配は要りません。

タイムカプセルヒーリングではクライアントのフィールドのパルスに合わせてプッシュ、プル、ストップ、アラウの四つのモードを使い、必要に応じて他のヒーリングテクニックも用います。生徒は自分のフィールドと両手から出るエネルギーの色をコントロールし、クライアントのフィールドのどこに向けるかも学びます。

ヒーリング中もＨＥＦは四段階（拡張―静止―収縮―静止）のパルスを続けています。ヒーラーはパルスの四段階を常に意識し、それに合わせてヒーリングを進めます。これによってヒーリングは非常に効率的になります。昔、二年生の学生たちがこのテクニックを「波に従う（Following the Wave）」と名づけました（BBSHでは二年生でタイムカプセルヒーリングを習います）。

三年生へと学習が進むにつれて、生徒たちは両手のエネルギーの周波数をクライアントのフィールドのどの部分にも、また、フィールドの中の何にでも合わせられるようになってきます。肉体の臓器や器官の周波数に対しても同様です。周波数のマッチングはニュートラルモードでおこない、非常に効果的です。

タイムカプセルヒーリングに用いるヒーリングテクニック

キレーション：超感覚的知覚でフィールドをチェックしたら、HEF全体をクリアリングします。これをキレーションと呼びます。ヒーラーはまず自分のエネルギーを高めてフィールドを開き、宇宙のヒーリングエネルギーを「容認」モードでクライアントに流し、フィールド全体をパワフルに浄化してチャージをし、バランスを整えます。クライアントの両足にそっと手を置き、足から順に頭の方へと移動しながらワークを続けます。

クライアントのフィールドは通常どおり、拡張―静止―収縮―静止の四段階でパルスをくり返しています。ヒーラーはクライアントの両足にそれぞれ手を置き、ヒーリングエネルギーが流れるにまかせます。次にヒーラーは（右利きの場合）クライアントの右側に移動し、右手をクライアントの右足の裏に添え、左手をクライアントの右の足首に置き、足裏から足首へとエネルギーが流れるにまかせます。そこから左足に手を伸ばし、左足も同様にします。そのエリアがチャージされたら右の足首と膝に手を置いてチャージをし、以後、同じ手順でエネルギーが自然に流れるにまかせ、チャクラにもワークをします。

手を置く位置の順番は図14－2で示しています（左利きのヒーラーはクライアントの左側に立ち、自分の左手がいつもクライアントの足に近い方になるように置きます）。どちらの立ち位置からでもクライアントの足元から頭へと上向きに、「容認」モードでクリアリングとチャージをします。ヒーラーのフィールドがチャージされた状態であれば、ただ流れるままにするだけで宇宙のエネルギーがヒーラー経由でクライアントに流れます。クライアントは自分のフィールドに必要なヒーリングエネルギーを受け取ります。どのように、いつ、どこの部分に受け取るかはクライアントが必要とするもの次第です。また、フィールドのラインに沿って、クライアントが最も必要とするエリアにエネルギーが流れていきます。

ウェーブ（波）の概要：ヒーラーは超感覚的知覚とブレナンヒーリングサイエンスの技術でタイムカプセルの排出物をきれいにし、中に詰まった創造のエネルギー意識を解放します。クライアントのＨＥＦの創造のパルスに合わせ、ぴったりとついていきます。ＨＥＦはボディの奥深くから第四レベル（タイムカプセルがあるところ）を通ってさらに外側のレベルに向かい、上のレベルまで拡張します。そして静止し、下のレベルへと縮小し、ボディの奥深くで静止します。

タイムカプセルヒーリングの拡張と縮小のリズミカルなプロセス：クライアントのＨＥＦでは創造のパルスが拡張と縮小を続けています。

ヒーラーが、じゅうぶんなヒーリングエネルギーをタイムカプセル（例：図14－1のタイムカプセル9／Ｔ9［現在］）に向け続ければカプセルが開き、中にとらわれていたエネルギー意識が解放されます。その時に、その傷の原因となった出来事がクライアントの意識に蘇ります。その傷は現世あるいは過去生でできたものです。

さらにエネルギー意識が流れ込むと、前に開いたカプセルの次にあるタイムカプセル（例：Ｔ８）が開きます。一つが解放されるたびにエネルギー意識が創造のパルスに流れ込み、次のタイムカプセルの解放が促されます。こうして現世からさかのぼるにつれて、何か不思議なことも起きます。突然、自分が別の時代や別の大陸にいるのをクライアントが体験することがあるのです。

ヒーリングがなされている間、拡張―静止―収縮―静止のパルスは身体の中心を垂直に流れるエネルギー（ＶＰＣ）に響いています。パルスの波が高まると、滞留したエネルギーがＶＰＣの中で押し上げられ、波が引くと同時に引き戻されていきます。ヒーラーがそれを止めなければ再び圧縮されてしまいます。滞留したエネルギーはパルスの拡張時にヒーラーが除去します。パルスの収縮期にはすこやかな創造のエネルギーもコアに戻っていきますから、タイムカプセルの再圧縮との違いを見分けるスキルも必要です。練習を重ね、超感覚的知覚の能力をクリアーに磨く必要がありますが、癒しのエネルギーと滞留したブロックのエネルギーとの違いははっきりしています。

滞留したエネルギーはダークで
濃く、弱いエネルギーであり、二元的です。

創造のエネルギーは澄んでおり、
ホリスティックで明るく、いきいきとしていて、癒されます。

全身に満ち引きするウェーブはヒーリングの間じゅう続き、滞留していた二元的なエネルギー意識が徐々に解放され、全体に統合されていきます。ヒーラーはさらに高度なテクニック（次の項参照）を使ってタイムカプセルを解消し、本来の創造のパルスを活性化させます。どのテクニックを用いるかは、その時にＨＥＦが必要とするものに合わせて決めます。パルスが拡張するたびに不要な古いエネルギー意識は放流されてクリアーになり、ＨＥＦは変化していきます。

タイムカプセルヒーリングで使う高度なテクニック：ヒーラーは高度なテクニックを使い、タイムカプセルの傷の内部や周囲の滞留にエネルギーをチャージします。中毒性がある物質をゆるめて放出しやすくしてからエネルギーの指で（「プル（引く）」モードで）つかみ、フィールドから取り出して光に変容させます。ＨＥＦの高次のレベルに上昇させてフィールドの外に出し、澄んだ光に変えるのです。これはパルスの拡張期から静止期でおこないます。収縮期の引き潮のような波には「容認」モードで奥深くまでついていき、そこからまた残留物をすくい出します。

解放された創造のエネルギーを理解する：ヒーリングによって、ブロックにとらわれていたエネルギー意識はごっそりと取り払われて放流されます。クライアントは中途で何年も滞っていた創造の続きを進めるようになります。放流されたエネルギーはＨＥＦのすべてのレベルとＨＥＣＳの四つの次元で創造のパルスに統合されます。

この創造は現世のクライアントの人生にふさわしいものになるでしょう。過去生で求めていたことと似ていて、なおかつ現世の自分のニーズに合うものです。はるか昔にブロックされた創造を現世で成し遂げることができるでしょう。現世でのニーズは創造のパルスが最初にブロックされた時と同じものです。

創造のエネルギー意識が
じゅうぶんに強くなれば

本来の創造の意図を
実行し、成し遂げることができます！

一つひとつのタイムカプセルには似たような傷がたくさん詰まっています。いろいろな時間でくり返し受けた傷が肉体の同じ場所にありますから、多くのヒーリングが必要です。長い年月の間ずっと残っている主要なブロックでは、一つひとつのタイムカプセルを浄化して、フィールドを完全に修復しなくてはなりません。その部分のフィールドがきれいになるまでヒーリングでウェーブのプロセスを続けます。

このワークをする間、ヒーラーはずっと深い愛と思いやりを保ってクライアントを支え、共に存在します。タイムカプセルが開いてもクライアントが出来事を再体験しない時もあるかもしれませんが、ヒーリングの間、クライアントが安心できるようサポートします（ヒーリングの間、クライアントの身体はあたかもその出来事が今、起きているかのように反応します）。

新人のヒーラーはクライアントを支えるために、そこにしっかりと存在し続けるトレーニングをします。ヒーラーが恐怖を感じたら存在は引っ込み、サポートができません。ヒーリングの効果も弱まり、クライアントは見捨てられたように感じます。失敗すれば一からやり直し。ただし、クライアントがそれを望み、ヒーラーもその準備ができている場合に限ります。

クライアントがやり直しを望まない場合、ヒーラーはそれに応えて適切なクロージング（終了）をすべきです。そうしなければ、クライアントは新たなヒーリングを受けるまでトラウマを抱え、たいへん苦しい状況が続きます。そのクライアントとできるだけ早く、新たなヒーリングの機会を設けることをお勧めします。その時までに、ヒーラーは自分の恐怖を取り払うプロセスワークをしておくこと。あるいは、そのクライアントにヒーリングをする前に、自分がヒーリングを受けておきましょう。

自分をクリアーで調和がとれた状態に保つのは
ヒーラーの責務です。

ヒーリングのウェーブを終えたクライアントはすがすがしく、また、若々しく感じます。

ヒーリングによって放流される
エネルギー意識は
傷ができた時の年齢と同じ若さです。
傷ができた時から
動きを中断したままなのです！
もしも、その傷が
あなたが五歳の時にできていたなら、
五歳のエネルギー意識が
新たに放流されます！

クライアントの今の年齢に
ふさわしい状態に溶け込めるよう
成長するには二、三週間かかります。

一回のヒーリングを終えるとフィールドは数週間かけて変容します。たいていは二、三週間かかるでしょう。解放されたエネルギーが再び止められない限り、フィールド全体へ、また、未来と呼ばれる人生へと波及します。

タイムカプセルヒーリングの結果：タイムカプセルの中の傷が癒えるたびに、さらに多くのエネルギーが創造のプロセスへと放たれます。クリエイティブな試みや未完成だった試みは再び完成へと向かいます。望む生き方の方向へと、非常に多くのエネルギーが解放されます。タイムカプセルヒーリングによって、生き方そのものについての希望も、もちろん変わるでしょう。心の奥でくすぶっていた願いや望みに対して、深いところで意識が開きますから、おのずと機会や展望が広がります。生きることに情熱や喜びや楽しさを感じるようになるでしょう。

私が体験したタイムカプセルヒーリング

足を捻挫(ねんざ)したクライアント：ある男性が初めて私のオフィスにヒーリングを受けに来ました。以前から傷めていた足を捻挫してしまったそうです。彼は上司とのいざこざを気にしながら自転車に乗り、職場からの帰宅途中に路上の轍(わだち)ですべって転倒。痛む足を引きずって家に帰り、サポーターを巻き、自分に腹を立てました。近々マラソン大会に出場予定でもあり、特別にヒーリングを受けようと思い立ったのです。私はまず、彼に深くリラックスしてもらい、彼のフィールドのクリアリングとチャージをしました。リラックス状態を続けてもらい、傷のエネルギー意識のヒーリングに移りました。傷の中のエネルギーが高まると、長年とらわれていた記憶や古い感情に対するリアクションが始まりました。タイムカプセルの中に押し込められていた苦しみや悲しみが彼の中で蘇ります。私は愛のあるヒーリングエネルギーと共に彼を支えます。タイムカプセルの中のエネルギーを増強すると、ばらばらになったかけらが少しずつ元に戻り、全体性とクリアーさを取り戻し始めました。

彼は次の波へと移っていけそうです。奥深いところから創造の力が拡張を始め、彼の体験は深くなり、あらゆる感覚が鋭敏になっています。私は彼の波のすぐ後をついていくようにしてエネルギーを押し入れます。拡張すると、彼はまた過去の蘇りに反応します。彼のフィールドに残っているものが活性化したのです。カプセルの中で止まっていた時間が流れ出し、何世紀も前の体験が彼の中でまざまざと展開します。彼は驚愕しています！　その出来事が身体の中でも周囲でもまさに今、起きているかのように感じ、聞き、見ています。彼の目は閉じています。珍しいものを見ています。周囲は古代の風景です。そこは古代のローマだと彼は気づきます。彼の心の声は静かにこう叫んでいます。

僕は地面に倒れている……動けない……足が折れた。馬に踏みつけられたんだ！　怖い。戦争だ……

私は彼のフィールドが離れてしまわない程度に、彼が受け取れるだけのヒーリングエネルギーを最大限に送り込み続けます。彼の体験が詰まったタイムカプセルは全体性を取り戻し、解放されてフィールドを上昇して抜けていきます。

いったん小休止をすると、彼の創造の力は最大に拡張し、静止します。私はエネルギーを傷に送り込むのを止めて「容認」モードに切り替え、クライアントを支える状態に入ります。彼が今、必要としている状態は穏やかな受容と降伏。手放し、ゆだねる状態です。一瞬、すべてが静かになります。それからフィールドは内側へと収縮し、彼は深くリラックスして平穏な状態に再び入ります。私はそれに合わせ、彼が自然に内面へと落ち着いていくのを確かめます。私は彼と共にいます——動かず、ただそこに存在し、静かな愛を両手に感じて。

彼のフィールドは自然に拡張し始めます。私は「プッシュ」モードでエネルギーを傷に送ります。分裂した傷が垂直の流れに合流して上昇すると、私は流れをフォロー！　古代の、また別の体験が解放されます。再び彼は見て、感じて、聞いて、その出来事を身体の内外でフルに体験します。あたかもそれが今、起きているかのように、身体は痛みに反応します。また心の声が聞こえます。

ああ、やめてくれ！　なんてことだ！　信じられない。そんなバカな……僕は……僕は……僕の身体は女性になっている！

ヒーラーはタイムカプセルに働きかけながら、しっかりとクライアントのそばに存在し続けます。クライアントと一緒にサイクルを続け、パルスに合わせてヒーリングエネルギーを調節します。クライアントは声に出して何かを言う必要はありません。ヒーラーは、クライアントのパルスの拡張—静止—収縮—静止の四段階を追いながら、場面が展開するのを見ており、聞いています。この四段階のサイクルはくり返し続きます。一周するたびに、人生体験でできた傷の中に詰まっていたエネルギー意識と時間が放出されます。その大部分は波が拡張して高まった時に起こります。ヒーリングの初めは徐々に波が高まり、過去の痛みを蘇らせたクライアントがパニックに陥るまでになることもあります。ヒーリングを続けて中盤になると波は横ばい状態になり、終盤には静かに——とても深く——落ち着いてきます。ヒーリングが進むにつれてクライアントは全体性に近づき、光と愛を感じます。波の高まりはすっと消えていきます。クライアントは穏やかに、調和を感じて横たわり——よい意味で「消耗」しています。身体とＨＥＣＳには新たなハーモニーが生まれています。創造のライフパルスを通し、より多くのエネルギーをくり出していくでしょう。ヒーリング後は数時間、あるいは数日間、静かに考えごとをするような、繊細な状態が続きます。ヒーリングはその後、何週間もかけて展開し続けます。

助けを求められないクライアント：ある女性は人に助けを求められず悩んでいました。いつからそうなったのかも、理由もわかりませんでした。タイムカプセルヒーリング中に彼女の意識は大航海時代に戻り、船乗りとしてアメリカ大陸へと航海中、嵐に遭遇した体験が蘇りました。ヒーリングの間、彼女（当時は彼）の肉体とＨＥＦは荒波と戦い、当時の状況がまざまざと再現されるようでした。彼女（彼）は甲板から海へと押し流され、何度も助けを求めましたが誰にも聞こえません。どれだけ叫んでも無駄だと絶望し、彼女（彼）は溺れてしまいました。ヒーリングが終わると彼女は穏やかになり、体験したことを静かに自分の中に取り入れてなじませようとしていました。そして、思いに深く沈むような状態で家に帰っていきました。

彼女は翌週にまた来たので、私は「助けを求められるようになりましたか」と尋ねました。

「とてもうまくいっています。手伝ってほしい時は人に頼めましたし、みんな助けてくれました。ああ、それに、溺れるのが怖い気持ちも消えました」

「それは前に言っていませんでしたね」

「それが関係しているとは思わなかったんです。プールに行って楽しかったわ。水泳のレッスンに通おうと思っているんですよ」

閉所恐怖症のクライアント：また別の女性は狭い場所が大嫌いで、そこにいるのが耐えられないほどでした。タイムカプセルヒーリングの間、彼女は中世のヨーロッパで牢獄の壁に鎖でつながれたまま亡くなった記憶が蘇りました。ヒーリング後は狭い場所への嫌悪感はやわらぎましたが、まだ違和感がありました。彼女は次のようにも言っていました。「照明が暗い部屋が嫌いな理由がわかったわ。暗い夜でも外なら大丈夫なの。でも、暗い部屋は本当に苦手よ」

貧困の意識を持ったクライアント：あるクライアントは貧困の末に亡くなった体験が何度もあり、現世ではお金を貯めることばかりしていました。彼はヒーリングをきっかけに、稼いだお金を楽しく使うことを学び始めています。

脚が悪いクライアント：タイムカプセルヒーリングの間、この男性は床にうつ伏せになりました。あたかも床に釘づけで脚が動かせなくなったようになり、蘇った記憶の中で、彼は炎に包まれ、両脚が倒れた柱の下敷きになっていました。さらに苦しかったのは、地震で被災した妻子を助け出せなかったことです。タイムカプセルヒーリングの後、彼は仕事で家を空ける時も不安にならず、心が穏やかになりました。脚もヒーリングで丈夫になりました。

輪廻転生の理論とタイムカプセルヒーリングの重要な点

天賦の才能とは過去生で学んだものかもしれません。私たちは生まれつき持っているコアクオリティを自然に発揮することによって高次の原理を実現します。長い年月をかけて過去生で培ったものを現世に持ち込んでいるのです。私たちの傷は生命の創造のパルスからこぼれ落ち、未完のままになっている部分と言えるでしょう。タイムカプセルヒーリングはその未完の創造を復元し、成就へと導きます。同じことのくり返しから脱出するのに傷に触れる必要はないだろうとみな考えますが、それは真実ではありません。

傷に触れまいとすることは、そこにある二元性を維持することです。それはさらなる二元性を作ることに他なりません。今よりもっと混乱し、痛みや苦しみが増え、エネルギーは低下し、創造はブロックされてさらに傷つきます。不可解な恐れをタイムカプセルに詰めたまま、それを避けたライフスタイルを作り上げます。

創造のプロセスを解放するには傷の中に入り、中途で止まっているものを体験しきることが必要です。

傷の中に入り――古い感情を体験し直し、そこで止まっている思考を流すことにより――二つに引き裂かれた部分を一つに統合するのです。そうすれば創造のエネルギー意識は自由を取り戻し、本来のウェーブを続けて完成へと向かえます。

それが望みどおりの生き方を創造し直す方法です。

業や因縁を「罪」への罰と捉えず、過去の創造に対するリアクションと捉えてみてください。タイムカプセルの考え方で言えば、業や因縁と呼ばれるものも、単に二元的で未完の創造のくり返しでしかありません。二つに割れたものを一つにまとめていないから、すこやかな創造の流れに組み込まれていないのです。二元的なままで二元的に創造し、二元的なものが出来上がります。それはまだ全体性を得ておらず、「いいもの」と「悪いもの」に分かれた不健康な状態です。

前世ヒーリングよりもタイムカプセルヒーリングの方がよい理由

タイムカプセルヒーリングによって、私たちは欺瞞に満ちて不健康な被害者意識から解放されます。状況を変えるべき理由がはっきりしない時、私たちはいともたやすく被害者意識に陥るものです。自分が無力だと感じるのは、自分自身と人生を癒す方法を知らないからです。自分の問題を現世や過去生の中の他人のせいにしてもどうにもなりません。なぜなら、それは自分の人生を他人に丸投げしているのも同然だからです。実際には起こり得ないことですが、あたかもそうであるかのように行動すれば、自分は被害者のままです。なぜかと言うと、この章に書かれているプロセスが腑に落ちていないからです。タイムカプセルヒーリングはこれらの問題を一掃します。自分に何かが不足していても、他人を責めずに済むようになります。問題の原因は人間関係だったとしても、相手に頼ることではありません。

問題や傷は自分の中にあります！　未解決の体験として、傷の中に残っています。傷にある二元性がそうさせているのです。それを癒すには、内にある二元性を一つのものに調和させ、生命のパルスに統合して本来の創造へ向かわせること。これができれば創造のプロセスは自由を取り戻し、本来の望みが達成できるでしょう。

それは過去生からずっと望んできたことです。やり遂げていないことが傷の中にあるなら、それをやり遂げる責任があります。そのために人生の課題と出会うのです。誰かが最近、あるいは遠い過去生で、自分にひどいことをしたからではありません！

このプロセスで望みを叶え
人生を築き、そうする中で
自己実現をしましょう！

これがわかり、このように生きると
とても自由になります！

新しい人生にようこそ！

第14章の復習　過去生をタイムカプセルとして捉え直す

1．あなたの傷や過去生の体験をタイムカプセルとして解釈し直し、それについて時間を設けて書いてみましょう。

2. あなたにとって癒しが必要なタイムカプセルと、本来の創造の意図を列挙してください。

3. タイムカプセルの中で創造を妨げている二元性は何ですか？　おそらく、この二元性は他人を責めているでしょう。その根底には、あなたが望むものを創造する能力への恐怖があります。これが創造の前進を妨げています。今、あなたはどのようにできるでしょうか？　どんな形でしょうか？（同じ形で創造もできるでしょうし、違う形で実現させてもよいでしょう。チャンスは常にあります）。

第15章　死にゆく人々の生体エネルギーフィールド

きみは三次元の奴隷ではなく、
いわゆる死に向かって
無慈悲に進む
時間の矢というものの奴隷でもない。

死とは
ただ形が変わるだけのこと。
存在の拡張に向けて手放すことだ。
——ヘヨアン

西洋では早く楽に死ぬのを望む人が多いようです。死のために存在したいとも思いませんし、死の時にしっかり向き合いたいとも思いません。あっさりと死ねたら考えなくて済むだろうと思いがちです。でも、死の瞬間と死後の生体エネルギーフィールド（ＨＥＦ）を見る限り、そういうわけにはいきません。

東洋では枯れるような死を願って祈ると言われています。変化に対する調整期間を設けるためでしょう。これは理にかなっています。それだけではありません。死のための調整期間がなぜ必要かは、死ぬ時にフィールドに起きることを見ればわかります。それについては後で述べることにして、まず、私が超感覚的知覚で体験した死についてお話ししましょう。

死後の訪問

これは私が初めて死者のHEFを見た頃の、ある体験です。私は当時ニューヨーク州イーストハンプトンにあったバーバラ・ブレナン・スクール・オブ・ヒーリング（BBSH）のオフィスで仕事をしていました。私はデスクで書類を見ており、後ろの席には同僚の女性がいました。彼女を仮にキャロルと呼びます。特別なことは何もない平凡なその日、突然、最近亡くなったはずのキャロルの母親が階段を上ってオフィスに入ってきたのです。私が視線を上げて見ると、母親はキャロルに歩み寄り、気づいてもらいたそうにしていました。私はキャロルに言うべきか迷いました。母親を思い出せば悲しむかもしれません。すると、キャロルの母親は人間関係のコード（第17章）でキャロルにコンタクトを取ろうとしました。大切な情報を伝える意図があるようです。それはキャロルの母親が現世で学んだ知識の結晶です。これはキャロルに言うべきだと思いました。

亡くなった母親が来ていると伝えるとキャロルは感謝してくれて、その場にしっかり存在するために瞑想をし、亡き母親と意識でつながりました。そして、彼女は母親が与えようとしているものを受け取るために自分を開きました。母親のハートのコードからクリアーな意識がキャロルのハートに流れ込んでいくように見えました。それが終わると、母親はキャロルに別れのキスをして――階段を下り、ドアから出て行きました！　宙に浮かんで移動できるはずですが、まだ気づいていなかったのかもしれません。

私たちは尊敬と感謝の念を抱いて座りました。私は自分が目撃したことに、キャロルは亡き母親から受け取ったことに。二人でただ黙って涙を流し、神聖な空間を保ちました。オフィス全体が愛に包まれるのを感じました。

父の最期の別れ

もう何年も前になりますが、ボストンでのワークショップに私の母が来たことがありました。母にとっては初めての参加です。ワークショップはいつもどおりに進み、日曜の朝には定例のゴッデスヒーリングメディテーションをしました（なぜ「ゴッデス（女神）」なのかとよく尋ねられますが、私にはわかりません。私がつけた名前ではないのです）。私は高次のスピリチュアルなエネルギーをチャネリングし、参加者の間を縫うように歩きます。聖霊か、ユダヤ教で神の臨在を指すシェキーナーのようなものにチャネリングをし、天からの白い光に身をゆだね、参加者一人ひとりにその光を注ぐのです。母の席まで来ると、母の背中に父がしがみついているのが見えました。父は長年アルツハイマー病を患い、母は介護で疲れていました。私は母の背にいる父を解放し、母の中を通り抜ける白い光に意識を集中させました。

その後まもなく、次のワークショップをニューヨーク州ロングアイランドでおこないました。この時も日程はいつもどおりです。土曜の昼食時、私がホテルの自室に戻ると兄から電話がありました。父の死の知らせでした。父の意識が肉体から離れて迷っていれば助けようと思い、私はすぐに部屋で瞑想をしました。それまでに多くの人に同じことをしたことがあったのです。しかし、父は迷ってはいませんでした。何かを決心したような面持ちで私に歩み寄り、彼が人生で学んだ叡智で私を満たしてくれました。そして、ワークショップで予定している講義の代わりにチャネリングをしてほしいと言いました。父は私がチャネリングをするのを見たことがなかったからです。

昼食後にワークショップ会場に戻った私は泣きながら参加者にこう言いました。

「さっき父が亡くなりました。私の妹サンディと兄デイヴィッドと母が病院で看取りました。手をつなぎ、ベッドのまわりを囲んだそうです。母が父の片手を握り、デイヴィッドがもう片方の手を握りました。安らかな最期だったそうです。デイヴィッドが『パパ、どうだい？』と尋ねると、最後の息で父は『大丈夫だ』と答えたそうです」

ある参加者がグループを代表して「しばらくお一人になりますか？　こんな時ですから、講義はなくても大丈夫です」と言いました。

「とんでもない。私は父と話していたのよ。父は私にチャネリングをしてほしいそうなの。見たことがないからですって」

「本当ですか？　わかりました」と参加者たちは驚いて言いました。

ヘヨアンのチャネリングは美しいものでした。死も生と同じように美しく、私たちは愛する人々と死後もいかにつながっているか――おそらく生前よりも強くつながる場合もあるだろう、という内容です。

チャネリングを始めて少し経つと、父が部屋に入ってくるのが見えました。七年前に亡くなったおばのグレースも一緒にいます。また、父は自分の母親も連れてきていました！　なんと嬉しいサプライズだったことでしょう。父は母親を八歳の時に亡くしましたから、私は祖母の顔を知らなかったのです。父も幸せそうでした！（祖母は美しく、私のいとこのジェーンに似ていました）。

私は自分の親族を見るのに夢中で、室内の状況に気づいていませんでした。ふと意識をワークショップの参加者たちに向けると、部屋は彼らの先祖たちでいっぱいになっていました。参加者の何人かは自分の先祖が来ていることに気づいていました。私はヘヨアンのチャネリングを続けました。ヘヨアンはみなに何が起きているかを告げると、それぞれの参加者と亡くなった親戚たちとをつなぐヒーリングへと導いてくれました。人間関係コードのヒーリングと再接続や、物質界と霊界にいる親戚どうしの先祖のルーツの解放です（コードヒーリングとルーツのヒーリングについては第17章と第18章を参照してください）。

その日のワークショップが終わった後、どの人も家族の愛に包まれ、静かな夜を過ごしました。何年も経った後、ある女性がボストンのワークショップへの参加をキャンセルしていたことを知りました。それは彼女の母親が亡くなったからでした。この女性はロングアイランドのこのワークショップに参加しており、自分の母親が部屋に来たのを見たそうです。ヘヨアンのチャネリングとヒーリングは彼女に母親とのコミュニケーションを可能にしました。彼女はＢＢＳＨへの入学を決め、後にＢＢＳＨの教師になりました。

姉たちを待つ母

母の死はゆっくりと訪れました。来る日も来る日も私たち姉妹は母に付き添い、お見舞いの人々もたくさん訪れました。温かい言葉をかけてくれる人。そばでじっと見つめる人。遠くから眺めるだけの人。誰もがしていたことは同じ。ただ待つことでした。

母は七人の姉妹の一番下で、男の兄弟も七人いますが、みな先に亡くなっていました。母は百歳まで生きたいと言っていましたが、あと二年足らずでした。

私たちは待ちました。母は痛みに耐え、半分あの世に行きかけたように朦朧（もうろう）としていました。時折はっと目覚めて私たちを見ます。ホスピスの職員が様子を見に来ては帰って行きました。刻一刻と、時間の進み方が遅くなっていくようです。日々、私たち姉妹は母のおむつを替える光栄にあずかりました。

かつて私たちが母にしてもらっていたことです。母の呼吸は弱くなり、間隔が空くようになりました。

私はずっと「みんなはどこ？　お姉さんたちはなぜ、まだ来ないの？」と思い続けていました。亡くなったおばたちが迎えに来るはずだと期待していたのです。あまりに遅くて腹が立ってきました。しかし、おばたちが亡くなったのはずいぶんと昔だから、集まるのに時間がかかるのだろうと考え直しました。

すると母はかすかに頭を動かし、妹のサンディと私を見ました。私たち姉妹は顔をぴったりと寄せ合い、愛情を込めた手で母に触れ、旅立ちを応援しました。母は私たちをゆっくり深く見つめると、両目から流れた涙が頬を伝って枕に落ちました。母が天に顔を向けると姉たちが現れ、母を助けてくれました。母が肉体を離れ始めると、私は母の生体エネルギー意識体系（ＨＥＣＳ）に意識を向け、白い光を背骨に沿うエネルギーの流れに送って見送りました。

そして、しんと静かになりました。

私たちは愛と感謝の気持ちを込めて母の身体に触れ、ただ黙って座りました。しばらくしてからホスピスに連絡をしました。彼らはうやうやしく遺体を火葬場へと運びました。兄は母の遺志に従い、ウィスコンシン州の北中央部にある多くの湖を訪ねて遺灰を撒きました。父の時と同じです。私たち家族が毎年、夏にキャンプをした場所です。

マージョリー

マージョリーがＢＢＳＨに入学するまで、私はずっと一人でゴッデスヒーリング瞑想のチャネリングをしていました。瞑想中には白い光の壁が部屋に出現します。それは少なくとも私の背後の壁と同じほど広く、最大の時には高さが約十二メートル、幅が約九メートルほどもありました。多くのスピリチュアルな存在も現れてヒーリングに加わります。

マージョリーが来た時、部屋の天井が大きく開きました。私には天使たちが幾多の層をなしているのが見え、その頂点は目が眩むような白い光が輝いていました。それは始まりでしかありません。その後、さらに素晴らしい出来事がたくさん起きていきました。

マージョリーはジュリアード音楽院で学び、アトランタ交響楽団にもいた経歴があるハープ演奏者です。私は彼女に「BBSHにハープを持ってきてちょうだい」と頼みました。彼女はクラスメイトの前で演奏をするのをとても恥ずかしがりましたが、私には密かなもくろみがありました。マージョリーはチャネリングでハープを演奏できるはずだと確信していたのです。そんなことなど彼女は知らず、最初はただ楽譜のある曲を演奏していました。私は彼女をうまく乗せました。ある週の始業式のこと、彼女に四つの方角（古代の北米先住民族の儀式）で水晶を持つ生徒の代表としてハープを弾いてほしいと言ったのです。ついにマージョリーは楽譜を手放し、東西南北の四つの方角をチャネリングしました。美しい演奏でした。

四つの方角をマージョリーに何度か演奏してもらった後、私はゴッデスヒーリングの時に一緒に登壇し、演奏してほしいと頼みました。全校の生徒が美しい奇跡を目の当たりにしました。その時から毎年、奇跡は起き続けました。マージョリーがゴッデスのハープの音楽をチャネリングしてくれたからです。彼女がハープを鳴らすたびに、あたかも天国への扉が開けるかのようでした。いいえ、本当に開いていたのです！　それは心の音楽であり、天の音楽であり、地上の私たちを祝福するスピリチュアルな世界の音楽でした。なんという至福を感じたことでしょう。彼女と共にチャネリングをするたびに、地上の楽園にいるようでした。共にゴッデスをするたびに、スピリチュアルな存在の出現は増えていきました。

ステージで私の左側には同僚ロザンヌが座り、円柱状の光を維持してすべてを地上に下ろし、神聖な場を作りました。

マージョリーがチャネリングでハープを演奏し始めた時期に、私は同僚のロザンヌとマイケル、レヴェントと共に各地でワークショップを始めました。多い時は一年に十二回ほど全米を回り、また、BBSHがレジデント・トレーニングをおこなう六週も共に過ごしました。それは楽しい友情の時でした。笑い転げながら遊ぶ私たちは、まるで駄菓子屋に集う子どもたちのようでした。ゴッデスヒーリングでは私の右隣にマージョリー、左隣にロザンヌが座ります。そんな月日が続いたある時、マージョリーは文句を言い始めました。ハープの音が足りないと言うのです（すでに彼女は最も大きいハープを学校に持ち込んでいたのですが）。高い音を弾くかのように腕を動かすのですが、そこに弦はありませんでした。

私は演奏を録音させてほしいと頼みましたが、彼女はうんと言ってくれません。ハープの中にマイクを取り付けて録音したいと何度も、何年も頼み続けると、ようやく了承してくれました。しかし、残念なことに、その機会はほんの数回しか残されていませんでした。

マージョリーは胸にしこりがあるのに気づきました。共に素晴らしい月日を過ごした中で、私は彼女を超感覚的知覚で見ることなど考えもしませんでした。見てみると、すぐに癌だとわかりました。そして、進行を止めるのは不可能であることも。私が見た時にはすでにリンパ節に転移していたのです。彼女は病院に行き、医師と話す時にはロザンヌと私も付き添いました。彼女は翌年も演奏を続け、その後、残された時間を伴侶のロブと幼い娘と一緒に過ごしました。

彼女の葬儀はニューヨーク市近郊のニュージャージーにある大きな教会でおこなわれました。私は通路側の席に座りました。マージョリーがどうするかを超感覚的知覚で見るためです。紫の布に大きな金色の十字架を乗せた棺が運び込まれました。以下、私が超感覚的知覚で見たことをお話しします。

マージョリーは左手に金色の球体を持っていました。純白のドレス姿で髪も純白。彼女の頭上には金色の輪があり、たくさんの金色の星がその上に輝いていました。下半身が白いドレスと共に流れるように動くと、棺の中へと細く伸びていきました。霊体になった彼女は肉体とコネクトしました。

教会の建物は十字架のような構造です。中に四分の三ほど入ったところで横のアームがクロスし、縦の軸と交わっています。棺はそこに運ばれ、置かれました。通路から神父が棺のそばに歩み出てラテン語で祈りの言葉を唱え、棺に聖水を振りかけました。するとマージョリーの霊体は肉体から完全に離れました。教会の高い天井へと浮かび上がると、彼女は普通の外見に近い姿になりました。もちろん霊体としてそのように見えるという意味です（理由はわかりません。私にとっては意外でした。まるでラテン語の祈りの言葉に何かが足りなかったかのようにも感じます）。

彼女は垂木のところで式をじっと見ていました。白いドレス姿のままで垂木の間を渡るようにして漂い、人々の言葉に反応しています。弟がスピーチをする番になると彼女は完全にノーマルな服装と外見に戻りました。そして通路に下りてきて、私の隣に来てかがみました。私は通路の席に座ってよかったと思いました——彼女がゆったりと通路にいられます。マージョリーは弟を誇りに思うと何度も言い、弟は弔辞を言うのをとても不安がっていたので自分も緊張した、と言いました。そしてくすくす笑い、何かが起きるたびに冗談を言いました。彼女はみんなが来てくれたことに心を躍らせ、参列者の多さに驚いていました。神父の真剣な表情を茶化して「彼はいつもこうなのよ！　彼の話に誰もついていけないの。でも、いいことを言っている。だからみんな彼のことが大好きよ」

葬儀が終わると、彼女は家族と共に去りました。

マージョリーが現れ続ける

その後、何年も、マージョリーはゴッデスヒーリングの場に現れて演奏をしました。彼女はとても嬉しそうでした。なぜなら、こう言っていたからです。

出したかった高い音がやっと出せるようになったの！　聞こえる？

マージョリーはゴッデスヒーリングに何度も現れ、そのたびに私たちの頭上にある階層を上がっていきました。私にはその動きの意味がわかりませんでした。講義のたびに彼女はホールの高い天井へと上昇するのです。去るための準備だろうと私は思いました。数ヶ月後、彼女はもうすぐ去ると言い、本当に去りました。

HEFで死はどのように見えるか

私はトンネルのテスト[7]で肉体からの離脱を身をもって体験しました。これは死期が近い人々とのワークに役立ちました。死について説明できたからです。

トンネルのテストではヒーリングの先生とサイ・ババが私を肉体から引っぱり出そうとし、とても強い力を感じました。私は体内を貫くエネルギーの流れを上昇しました。すごい勢いで肉体から出る時に自分の中で風が吹くのを感じ、その音も聞こえました。それを鼓膜の内側でも感じましたが、普通の風の音とは違いました。

私が風となって
自分の内側から
鼓膜に吹きつけていたからです！

また、私は死が近いクライアントのために、定期的にヘヨアンのチャネリングをしていました。クライアントとヘヨアンの会話はたいてい、これから体験する死とはどういうものか、また、家族や友人への愛について最後に知っておきたいことについてでした。[8]

シルバーコード：アストラル界のトラベルは死とは大きく異なりますが、肉体からの離脱に慣れ、肉体がない状態でＨＥＦの第四レベルのリアリティの仕組みを知るのに役立ちます。[9] 第四レベル以上のＨＥＦと肉体は「シルバーコード」と呼ばれるものでつながっています。トラベルの間もＨＥＦの第三レベル以下は肉体の細胞を構成するものとして通常の世界に残ります。シルバーコードはＨＥＦの第四レベルのリアリティをトラベルするボディと肉体とをつないでいます。へその緒のようなものと言えるか

7　第7章（上巻）参照。
8　現在はヒーラーとしての施術はおこなっていません。何年も前にオフィスは閉鎖しました。個人へのヒーリングはしていません。現在は多くのＢＢＳＨの卒業生が開業しています。ＢＢＳＨのウェブサイトからお近くのヒーラーを検索してください。
9　ＨＥＦの第四レベルのリアリティの詳細は第8章（上巻）と第9章を参照。

もしれません。シルバーコードは肉体の次元には存在していませんから、どれだけ遠くへトラベルしても心配は必要ありません。コードはとても柔軟で、ＨＥＦの第四レベルのリアリティの中で無限に伸びます。肉体が死を迎えると、シルバーコードは肉体との接続を切断します。

私が初めてシルバーコードを見た時は、皮膚の外側で三十センチメートルほど分岐していた（二本に分かれていた）ので驚きました。一本のコードの端は脳（中央の第三脳室。第七チャクラと第六チャクラの先端が合うところ）につながり、もう一本は心臓の上後部にある十字付近、ハートチャクラの中央につながっていました。シルバーコードが二箇所に挿入されている様子は図15－1を参照してください。

ＨＥＦの第四レベルあるいはアストラルレベルはアストラル体と広く呼ばれています。私たちが覚醒状態でアストラル界に意識がある時のボディです。アストラル界は睡眠中の夢に近いです。私たちはアストラル体でアストラルのリアリティを体験します。

私が見たところ、心臓移植の手術中には心臓のところだけコードが切断されていました。手術後にヒーラーが挿入し直すとよいでしょう（私は実際にそうしたことがあります。術後の回復が早まりました）。人工心臓の部分をどうすればいいかはわかりませんでした。今――ヘヨアンはこう言っています。

通常、心臓がある場所のＨＥＦを再構築してコードをはめ込み、ＨＥＦの心臓の鼓動を人工心臓と同期させるといい。きちんと同期させるために、あと二、三の処置があるけれど、この本での言及はここまででいいだろう。

肉体が死ぬ時のＨＥＦの変化：肉体が死ぬ時、ＨＥＦの下の三つのレベルは溶けて消えます。病気で徐々に死に向かう人を超感覚的知覚で見ると、それらのレベルがゆっくりと濃い霧のように漂い去るのがわかります。完全に消えるまでに二、三日かかることもあります。では、HEFがたどるプロセスについて述べましょう。

死の過程ではHEF全体が下向きにぐるぐると旋回し、すべてのエネルギー意識が脊椎に沿って流れるエネルギーの垂直流（VPC）を通って駆け上がるとクラウンチャクラから——理想的にはそうですが、そうならないケースもあります——出ていきます。図15－2はHEFの旋回を示しています。突然死の場合は非常に戸惑うでしょう。フィールドが回れば現世で解消されなかったブロックや傷や誤った概念なども霊魂と一緒に回りながらVPCを上るのです。あらゆる防衛が一気にVPCに放たれて上昇する時に、たいへんな恐怖や傷が蘇ります。短時間に膨大な量が押し寄せ、分別を失うほどになるでしょう。抵抗すればネガティブな想念形体やエモーショナル・リアクション（ER）／イラショナル・リアクション（IR）にとらわれ、苦悶しながら死ぬ可能性が高いです。第11章で述べたように、違法薬物などを過剰摂取した場合はそうなるでしょう。多くは錯乱状態や激しい不快感やどうしようもない恐怖の中で亡くなり、HEFの低次の第四レベル（低次のアストラル界）にとらわれます。安らかな死とは程遠いものになります。[10]

死の瞬間にシルバーコードは肉体から完全に切り離され、私が見た限りでは消滅します。その人が望めば、その時点で肉体から自由になります。マージョリーや他の人々の葬儀で私が見た例では、亡くなった人はもうシルバーコードにつながれていませんが、肉体の太陽神経叢の中とエネルギー的につなが

10　私は地獄と呼ばれる領域に何度もトラベルをして、ひどい苦痛に悩む人々をたくさん見てきました。BBSHの全校生徒が集まるゴッデスヒーリングメディテーションで天使たちに続いて地獄の領域を訪ね、とらわれた魂を救出してガイドと引き合わせることを定期的にしています。

り、上に漂っているようでした。どういうことなのかははっきりわかりませんから、もっと観察が必要です。葬儀で最後のお別れをする間は物質界とコンタクトができるのかもしれません。

東洋の人々がゆっくりとした死を願うのは、私が見た限り、問題を片づけたりまとめたりして、心から別れを告げる機会を得るためでもあるのでしょう。病気を長く患い、そうした機会が得られる場合もあります。残されたブロックのクリアリングをする時間もあります。最後の大掃除のようなものでしょう。私は不治の病をもつ人々のそばで、このプロセスを見たことがあります。多くの友人や家族が愛や尊敬の念を表し、最後の感謝の言葉を伝えます。これは死にゆく人にとって大変よいことです。しかし、最後の二日間ほどは配偶者や両親、きょうだいや親戚など、近親者らが看取ることが重要です。

近しい人々から最後のお別れの言葉を聞いた途端に深刻なわだかまりが解け、無条件の愛を深く感じた人のフィールドからブロックが溶けてふわりと消えることも実際にありました。現世を手放しながら、今という瞬間に存在するための助けを得る時間が持てるのです。それによって死ぬことへの抵抗を手放し、安らかに物質界を離れることができます。

東洋での死の準備のしかた

東洋で死に備えて瞑想する伝統があるのは、死後の落とし穴にはまらないように悟りの状態を保ち、光輝く無へと精神を整えるためでもあります。[11]『チベットの死者の書』は死者が二元性にとらわれないための指南書です。肉体が生きている間に読む教本であり、死の床にある人の枕元で朗読もされます。死にゆく人はそれを聞き、物質界よりも高いレベルの存在へと向かうのです。少なくとも現世よりもよい来世に再生できるよう、二元性のない世界を目指します。ポワと呼ばれる修練もチベット仏教の瞑想の一つで、物質界に逆戻りせずに高次のスピリチュアルな領域へ上昇することを学びます。

ダライ・ラマとチベットの師たちの尽力で、西洋にも学びの機会が広がりました。

愛する人と自分のために、愛する人の死をいかに扱うか

1. 彼らとコンタクトが取れないと思わないこと。
2. 彼らがあなたにコンタクトを取ったなら、それを信じてください。あるいはきっとコンタクトがあると思うようにし、今、それが起きていると思ってください。
3. 気配や存在を感じたら心を落ち着け、それはいつもどおりのあの人だと思って行動しましょう。あなたが心を穏やかにすれば、存在を感じやすくなります。
4. 静かに心を開いて座り、愛する人が伝えたいことを受け取る態度でいてください。
5. 生前に与えてもらったものすべてに感謝をし、それに意識を集中しましょう。何に感謝しているかを伝えたくなったら伝えてください。
6. 彼らの人生を尊びましょう。彼らから受け取りながら、存在があなたの中に流れるのを感じ、感謝の気持ちを感じましょう。
7. 何も感じないかもしれないし、それが何かわからないかもしれません。それでもいいのです。あなたは確かに受け取っています。それは言葉にならない、叡智の結晶かもしれないのですから。数日

---

11 Francesca Fremantle : *Luminous Emptiness: Understanding the Tibetan Book of the Dead* (Shambhala, Boston 2001).

後にふと何かに気づく時もあります。あるがままでいいのです。

愛する人を失う悲しみ

愛する人を生き返らせることはできません。なんとかできるはずだと誰もが思いたがりますが、自分の無力さを認めざるを得ない時もあるのです。生きる上で、悲しみは自然で大切な部分です。故人への愛を胸に、ただ悲しみに身をゆだねましょう。霊体となった故人の存在をそばに感じる時があるかもしれませんし、ないかもしれません。悲しみのプロセスにただ従いましょう。それには時間がかかります。あるがままにまかせましょう。それを自分に与え、この人と知り合えたことを贈り物として体験してください——その贈り物はけっして無くなりません。永遠にあなたの中にあります。

悲しみに沈むあなたをただ受け入れてくれる友人が一人か二人いれば、一緒にいてもらいましょう。愛する人の肉体を生き返らせることは誰にもできません。

BBSHを卒業したブレナンヒーリングプラクティショナーからコアスターヒーリングを受けると、とても楽になるでしょう。あなたのHEFをクリアーにしてチャージし、チャクラを再構築し、ハラを整えて強化し、コアスターを湧き上がらせて細胞と存在に満たし、無条件の愛であなたを満たします。悲しみと向き合う力が湧き、心が安らぐでしょう。愛する人にいつでも語りかけてかまいません。心の中で語りかけてもよいですし、声を出してもよいのです。

第15章の復習／記録　死について

1. 愛する人を亡くした体験を思い出してください。どんな体験をしましたか?
2. この章を読んで、どのように理解が深まりましたか?
3. 愛する人を亡くした悲しみにどう対処しましたか?
4. 亡くなった人があなたにコンタクトを取ろうとした体験はありますか?

第16章　死後の生命

きみはいわゆる無を体験したことがあるだろうか？
物質とエネルギーとの間に何がある？
無だ。何もない。

人類は無あるいは何もないことを空っぽの虚無と定義して、生命がないのと同じだとみなしている。

だが、この虚空は
ゼロポイントフィールドと同じだとも気づいている。
それは生命とエネルギーに満ちており――
顕在化した宇宙をすべて合わせたものよりも
生命とエネルギーに満ちている！

だから何もないこと、あるいは無は
生命でいっぱいなのだ。

人間が抱える最大の、あるいは最も深い問題は死についての考え方だ。

人間は死が実際に存在すると信じている！
だが虚空、宇宙の原理ブラフマンがそこに存在するのみ。

きみも、知識も、叡智も
渾然一体となって万物に宿り
そしてまた、万物の間にある空間と呼ばれるものの中にも宿っている。

——ヘヨアン

マージョリーが亡くなった後、私は死後のプロセスがどのように起き、その過程を体験する人々をどう助けるかを学ぼうと決意しました。死後どこに行くかは知っていました。ロバート・モンローの著書を何冊か読んでいましたから。[12] モンロー・インスティテュートについて調べてみると、まさに私が求めていた機会が提供されており、私の日程も完璧でしたので、すぐに申し込みました。他のリアリティを探索するシステム（意識の体外離脱）を学び、死後の人々をサポートするためです。

ロバート・モンローがおこなった研究

ロバート・モンローは意識を肉体から離脱させて非物質界を旅する方法を明らかにしました。彼は第7章（上巻）でご紹介した「ヘミシンク」のサウンドシステムを使い、短時間で深い瞑想の状態に入る方法を教えています。何世紀にもわたってチベット僧やシャーマンがしてきたように、深い瞑想状態に入ると異世界でのトラベルのしかたが学べるのです。

ロバートはこうした異世界の体験には脳の状態が関係することを発見しました。彼はマインドの状態に合わせて物質界の外の世界をさまざまなレベルに分け、数字を付けました。それらの中のいくつかのレベルを信念体系領域[13]と呼んでいます。また、ロバートは人々を死後の世界のステーションに誘導するテクニックも開発しました。

私がモンロー・インスティテュートで得た深い学びについて、次の四つの項でお話ししていきましょう。


モンロー・インスティテュートでの瞑想体験：モンロー・インスティテュートで二週間のワークショップに参加した時、驚くようなことが起きました。まったく予想していなかったことです。きっかけは簡単なグループ・エクササイズです。みんなで少し瞑想をした後、「自分にとって何か意味があるものを描いて」と言われたので、私は十セント硬貨ぐらいの小さな黒い丸印を一つ、紙に描きました。その後、二人でペアを組み、助け合って自分の絵を理解するワークをしました。私はパートナーに、この丸は何だろうかと尋ねました。

「ああ、それはビンドゥーだね！」と彼は言いました。

「ビンドゥーって何？」と私は尋ねました。

「そこを通り抜けるのさ」とだけ彼は言いました。

私はビンドゥーに集中して瞑想をし、そこを通り抜けてみました。そして、次のような体験をしました。

気がつくと私は雲の間を漂っていました。ピンク色やオレンジ色の雲です。天使たちが集まって飛ん

12 『体外への旅』（ハート出版）、『魂の体外旅行』（日本教文社）など多数。
13 信念体系領域とＨＥＦの第四レベルのリアリティの性質については第7章、8章（上巻）、9章を参照してください。

でいました。何か会話をしていましたが、内容は聞こえません。

「どこへ行くの?」と私は尋ねました。

「創造を見に雷のところへ行くんだ。一緒に来るかい?」

「行くわ!」。私は興味が湧き、ついて行きました。

耳をつんざくような雷鳴は、たくさんの水素爆弾が一斉に爆発したかと思うほどでした。あらゆる色があふれていましたが、甘くやさしく、心がとても安らぎます。こんなところで天使たちは何をしているのでしょう? ただ見ているだけなのか、これから何かをするのか?

すると私は十歳か十二歳ぐらいの少年になり、ヒマラヤ山脈にいました。母親は私を山の修道院に連れて行こうとしています。私は怖いと感じました。何が起きるかわからなかったからです。私は修道院に預けられ、僧侶たちと暮らしました。

時間が経過しました。

私は少し成長していました。僧侶たちが私を洞窟の中に閉じ込めようとしています。泥や藁や石を積み、洞窟の入り口をふさいでいます。それは心地よい洞窟で、私はよくそこに行っていました。奥に湧き水がしたたり、片側に低い岩棚があります。前にもこのようにして使われたことがあったのだな、と私は思いました。洞窟の両脇に修道院の建物がありますが、それぞれ四百メートルほど離れています。崖の斜面に建っています。洞窟の入り口がついにふさがると私はワクワクし、また恐ろしくなりました。積み上げられた石の上に十二、三センチメートルほどの隙間が空いています。毎日、粥が入ったお椀がその隙間から岩棚の上に差し入れられました。

時間が経過しました。

まだ私は洞窟にいます。瞑想で得た情報を書いています。これまでに書き記した本が壁のところに並んでいます。私が使っているペンは竹を細く切って先を尖らせたような、簡素なものです。インクは黒い粉でできているようでした。焚き火の煤のようなものと黒い土か木炭、そして油と雄牛の血液と、少量の水が混ざっているようです。僧侶たちがくれたのでしょう。というのも、私はナイフも何も持っていませんでしたから。私は丈の長い、暗いオレンジ色の衣の下に茶色い肌着を着ています。冬は毛布で寒さをしのぎました。

また時が経過しました。

私は老人になりました。まだ洞窟にいます。まもなく死が訪れそうで、肉体を離れる準備ができています。最後にもう一度、私は洞窟の中を見回しました。次に戻ってくる時のために、この美しい洞窟を覚えておきたかったのです。本は十五冊ほどありました。それらはあたかも一冊の本のページのように、二つ折りにした大きな紙の間にはさまれています。巻き物ではありませんでした。それは私の瞑想の体験の記録でした。以前に洞窟で暮らした年月で、私は肉体を抜け出して世界を旅する術を会得していました。西洋に興味があったので何度も行きました。私は自分の肉体が死ぬと、するりと体外へ抜け出せました。

しかし、しきたりでは、肉体が腐って塵になるまで洞窟から出ないことになっています。私は待ちました。

時間が経過しました。

すでに何年も待ちました。私は自分のしゃれこうべの上にずっと座っています。洞窟の地面の真ん中です。待っています。

そして、ついに私は去りました。洞窟を出ると、かつてのように両側の高い頂から方角の見当をつけました。新しい肉体を探すために左に曲がって西洋へ行きました。

昔はヤギ小屋だった建物にいる女性が見えました。彼女は難産に苦しんでいました。赤ん坊は産道の中でつかえています。その女児の首にはへその緒が巻きついており、女児は体外から何度も抜け出し、この出生のチャンスを見送るかどうかガイドたちと相談をしています。

女児は前世でアイルランドと呼ばれる土地で亡くなっていました。まだ十歳か十一歳でした。藁を山ほど積んで雄牛に引かせた荷車が彼女を轢いて去っていきます。荷車の主は女児に気づかず、孤児の彼女もまた飢えて衰弱し、荷車が近づいてくるのが見えませんでした。彼女の衣服は二枚のズック袋を粗く縫い合わせたもので、草の汁で汚れた緑のしみがありました。

私は出産の場面でガイドに近づきました。癒しと再生のチャンスだったからです。私は女児と一緒に肉体に入ることを提案し、女児と共に生まれました。長い年月の瞑想で得た力を使い、出産を完了させました。私が待っていた間、女児も長い年月を生きていたかもしれません。そして私は女児と一体化し始めました。彼女は混乱するかもしれませんが、いつも私を内側に感じるでしょう。それから私は洞窟に残した本に書いたことを教えるために、少しずつ姿を現すのです。彼女は考え、こう尋ねました。

「私はもう二度と一人ぼっちにならないのね？」

「ええ、一人ぼっちにはなりませんよ」

「わかった」

私は女児と一緒に肉体の中に入りました。生後三日間、私たちは黙って一緒に寝ていました。私は静かな心の声になりました。その声は知っています。彼女は知りたがっていたのです――あらゆることを！

これをエクササイズのパートナーに話すと彼は「そうか。じゃあ、君の本を取りに行こう」と言いました。

「冗談でしょう」

「いいや、本気だよ。その洞窟がどこにあるか、わかるかい？」

「ええ。私の超感覚的知覚では左にエベレスト、右に別の山が見える。下には二つの川が流れているわ。下の低い山の斜面に洞窟があるの。私の名前はたぶんニャンツァン——いえ、名前などなかったかもしれない。そういう名前の何かがある。はっきりしないわ。いつもエベレストは右側で、左側ではなかったと思うけれど。地図はある？」

「ない」

「ああ！　ちょっと待って。私はいつもヒマラヤ山脈が北からインドを見下ろすのを思い描くの。南から見上げるのではなくて。洞窟は北の方よ！」

「なるほど、それなら腑に落ちる」

ワークショップはまだ初日だというのに、これだけのことが起きたのです！

その後もワークショップは続き、「この世界の外」の体験も続きました。

ロバート・モンロー

ワークショップの第二週目のある日にロバート・モンローが来場しました。彼を交えて輪になって座ると、彼は身体の具合がよくないのでここにヒーラーはいるかと尋ねました。みんなが視線を私に向けました。私でよければヒーリングをさせていただくと申し出て、個室にベッドを用意できるかと尋ねました。

ベッドのような台はすぐにできましたが、ロバートは別室に移る気はなさそうでした。私は参加者たちの輪の中央で彼にヒーリングをすることになりました。彼は深いリラックス状態に入ろうとはせず、腕を頭の後ろで組んで枕にして、じっと私を見ています。私が超感覚的知覚で見ていると、最近亡くなった彼の妻が第四レベルのリアリティの姿で現れ、彼の左側に立ちました。私の向かい側です。

私は彼女に向かってうなずき、ロバートに「ここにどなたがいらっしゃるか、わかりますか?」と尋ねました。

「わかる」と彼は言いました。

私はヒーリングを続けました。彼は妻とテレパシーでやりとりをしていました。妻は彼を慰めようとしています。彼はまだ妻を亡くした悲しみに沈んでいたのです。

ヒーリングが終わりに近づくと、彼はふと私の方を向き、こう尋ねました。「君は自分が五十万歳だと知っているかい?」

「ええ!」私はずっと前からそう知っていましたが、とんでもないことですから誰にも言ったことはありません。彼はさらに言いました。「あなたの名前はキアーナだと知っているかい?」

「ええ」と私は静かに言いました。誰にも聞こえませんように、と思いながら。

「五十万年前の人生を覚えています。その場所もまたキアーナと呼ばれていました。美しい島で、愛と平和の楽園でした。いたるところに花が咲き乱れていました。私はヒーラーでした。でも、おかしいですね。癒すべきものなど何もありませんでしたから。確認してくださってありがとうございます!」

ロバートはとても嬉しそうでした。そしてまた黙り、ヒーリングが終わるまで興味深そうに見ていました。

ロバートが自らの旅立ちを深く考えていることは明らかでした。彼は重症の肺炎を患っていたのです。

彼は「もう旅には出ない」と私に言いました。戻れるかどうか不安だったからです。彼は妻をとても恋しがっていました。

ロバート・モンローの非凡な死：ワークショップが終わった後も私は少し滞在し、またロバートにヒーリングをしました。この時は彼の居間でおこないました。彼の娘のローリー・モンローと家族の数名がヒーリングに立ち会い、メモを取っていました。ロバートの妻も（生体エネルギーフィールド［HEF］の第四レベルのリアリティの姿で）そこにいました。私はヘヨアンをチャネリングしました。ヒーリングの大部分はヘヨアンとロバートの長い会話でした。物質とスピリチュアルの世界の間をつなぐワークとはどういうもので、それがいかにスピリチュアルな世界へと続いていくかについてです。その時に私はロバートが「レベル27」と呼ぶ領域にモンロー・インスティテュートがあるのが見えました。レベル27のステーションを見たことはありましたが、そこにモンロー・インスティテュートもあるとは知りませんでした。地上にある施設よりもはるかに大きいです。

ロバートの亡き妻がまた彼の左側に立ちました。ロバートはヘヨアンとの会話にますます熱中しました。私はチャネリングをしていましたから、彼らの会話をよく覚えていません。録音もしておらず、ローリー・モンローや家族たちのメモも見たことがありません。

ヒーリングが終わりに近づいた頃、ヘヨアンはレベル27でモンロー・インスティテュートが盛大な歓迎会を計画中だと言いました。超感覚的知覚で見ると彼らはパーティーの帽子や紙吹雪、大きなチョコレートケーキを用意していました。

その後、私は初めて見る現象に驚きました。HEFの第四レベルのリアリティの妻が彼の左側から近づいて横たわり――実際は浮かんでいたわけですが――長く伸びました。そして、さっと右を向くと、くるりと回転して彼の身体の中に入って一体となりました。このように二人の人が合体するのを見たのは初めてです！　窮屈ではないかしらと思いましたが、二人はとても幸せそうでした！

ヒーリングを終えて去る私に、彼は（物質界でのリアリティで）「さようなら、キアーナ」と言いました。

「後でまたお会いましょう、アシャニー！」と私は答えました。キアーナと呼ばれて、私も彼の名を思い出したのです。私たちは五十万年前に知り合っていました。彼は心得ているかのように、嬉しそうにほほえみました。

現世での短い再会は素晴らしく、昔から知っていたことを再確認できました。私たちが共にいた頃から、とても長い年月を——多くの過去生を——経てきたのです。

我に返った途端、私は飛行機に乗り遅れそうだと気づきました。あわてて迎えの車に乗り込み、空港へと走って間に合いました。機内では何度も意識が左から抜けて体外離脱しそうになり、そのたび懸命になって元に戻しました。まるで自分が死にかけているようです。こうしたことは臨終間際の人々とのワークで何度か経験済みでした。人が亡くなる時は、彼らと一緒に私も部分的に肉体を離れるのです。自分が死ぬように感じて戸惑います。しかし、この時は感覚が違いました。死にかけているのはロバートだと私にはわかっていました。

自宅に戻る途中、私は超感覚的知覚によって、パーティーが開かれているのを見ました。レベル27のスピリチュアルな世界でのモンロー・インスティテュートでロバートは妻と共に祝っていました。万事がうまく運び、そこにいる人々はみな幸せそうでした。私は超感覚的知覚で見たことを確かめるため、帰宅してすぐモンロー・インスティテュートに電話をかけました。ちょうど私が飛行機に乗っていた頃にロバートは逝去していました。彼らも穏やかにしていましたが、多くを成し遂げた偉大な父の死を悲しんでいたのは言うまでもありません。

ロバート・モンローは自らの体験を信じて立ち上がり、柔軟な態度で研究に臨んだ勇気ある人でした。彼は多くの人々が真実を深く広く追究するための道案内をしてくれました。私は愛と光をモンロー・インスティテュートでワークをする人々に送ります。

ロバート・モンローの後：私はロバートの思い出を自分の中で整理してから、ナショナル・ジオグラフィックの世界地図でヒマラヤ山脈を見てみました。私の記憶にある地域はあまりにも広大でした。ニャンやツァンという地名はどこにも見当たりません。

「バーバラ、もう忘れなさい」と私は自分に言い聞かせました。「馬鹿げているわ。そんな昔に住んでいた洞窟を探しにヒマラヤに行きもしないくせに！」

数ヶ月後、私の元に、インスティテュートで絵のエクササイズをした時のパートナーだった男性から手紙が届きました。彼が見つけた古い地図には私が超感覚的知覚で見たとおり、エベレスト山と、もう一つ、高い山があったそうです。二つの川も、私が瞑想で見たとおりの位置にありました。その川はツァンポーとニャン・チュウという名で、ラサとカトマンズと書かれた町の間を流れているそうです。また、ニャン川とツァン川もありました。これで私は気持ちが晴れました。先のことは誰にもわかりませんが、いつか私はチベットに行けるのかもしれません。

死を手放す

私たちの死の捉え方は二元性に基づいており、正しくないとヘヨアンは言っています。見えない世界を感じることができなければ、死はたいへん怖いものに思えるでしょう。

生命がないことについての間違った捉え方
生命がない、ということはない。
あらゆるものも、あらゆる無も、生きているのだと
考えてごらんなさい。
存在が消えるのが怖いのは
死についての思い込みがあるからだ。
何か、きみの二元性が
作り出したものだろう。

それはまったく大間違い。
きみの中にある二元的な考え方が
死についての見方や誤解を生んでいるだけだ。
永遠の生命に溶け込む時に
死ぬものは二元性、
ただそれだけ。

人生を時系列で捉えない

自分を時系列に置いて捉えると困難が生まれます。生命とはまったく、そのようなものではありません。特に内面での体験は時系列に当てはまりません。変化が起きれば、それを測る道具として時間が生まれます。しかし、そうした変化はたいてい物質的に見てわかるものだけです。時間とは、た

だマインドが作り出す道具でしかありません。しかも、物質を超えた世界ではあまり役に立ちません。
時間とは、変動を説明する試みです。自分の内面や周囲で常に起き続けている変化や、移りゆく世界の体験を説明するべくして時間を考え、そこからたくさんの思い込みが生まれます。時間が便利に使えるのは他者と共に何かをする場合です。相手も常に変化していますから、お互いに共通の枠組みとして時間を設けてコミュニケーションができます。
時間は外側に立脚しています。

時間とは
あなたの外側にある視点で
安定のようなものを作る試みです。

つまり、自分の内側から
自分を安定させるのではなく、
外側にある何かに
安定させてもらおうとすることなのです。

あなたははるか昔からずっと存在していて、過ぎゆく時間は幻想で、今、あなたは永遠の存在を理解して真に体験する力を伸ばし始めた人類の進化の中にいるとしたら、どうでしょうか。科学はまもなく、「時間の矢」と物理学者が呼ぶような直線的な時間は存在しないと証明するでしょう。

時間が存在しないだなんて、すごいことですね！
でも、さらに取り組みが必要です。

あなたが分離の状態を維持している度合いは、
そのまま、あなたが時系列にとらわれた
思い込みや体験をしている度合いを表します。

自分の中で、この二元性を統合していくにつれて
おそらくはゆっくりと、でも、着実に
時系列ではない時間の感覚を体験するようになるでしょう。
未来と言われるものも、今に存在していますから
すでにあなたは未来を体験しているのです。

第16章の復習　死後の生命の体験

1．死後の生命について、どんな体験をしたことがありますか？
2．その体験はリアルだと思いますか？　ノーならば、なぜ？　イエスならば、なぜ？
3．いつかあなたに訪れる死に対して、それらはどう役立つでしょうか？
4．その体験は霊的な世界でのあなたの将来にどう役立つでしょうか？
5．あなたが信じていることは輪廻転生の可能性を考えるのにどう役立ちますか？

第17章　人間関係コードを癒す

きみの中から生まれ、放たれ
また内へと引いていく生命のパルスは
きみの家族や友人、恋人、パートナーなど
最も近い、愛する人と
ある程度つながり、シンクロしている。

彼らはきみとの共同創造に深く関わる。
家族はきみを形づくる上でとても大きな存在だ。

きみはポジティブな意図を立て、生まれてくる選択をはっきりとおこなった。
家族によって支えられ、多くの試練を得るためだ。

たとえ肉体を離れても、
死と呼ぶものを迎えても、
きみの家族はけっしてきみから離れない。
今でもきみの人生の中にしっかりと、濃く、存在している。

——ヘヨアン

それでは第四レベルのリアリティでの関係にまつわる側面について見ていきましょう。関係においての交流はアストラル界で創造され、コードが機能します。

コードのつながり

誰しも「心の琴線」や「互いの絆」といった表現を聞いたことがあるでしょう。そうしたものは実際に生体エネルギーフィールド（ＨＥＦ）の形状として存在し、あらゆる関係の中で働いています。コードのつながりについては『光の手』と『癒しの光』で取り上げましたので、ここでは簡単におさらいをし、さらに新しく私が得た情報をご紹介しましょう。コードとは何か、健康的な用途とはどのようなものか。また、ＨＥＦの歪みを生む不健康なコードについてもお話しします。

『光の手』と『癒しの光』では、ＨＥＦでの相互のやりとりには三つの方法があると述べました。第一に、ハーモニック・インダクション（調和誘導）。一人が調和的な波長で相手のＨＥＦと響き合う（音叉を鳴らして相手にも音を出させるような感じです）。第二に、バイオプラズマのストリーマー。空気中にバイオプラズマを流してエネルギーの交流をします。第三に、関係コード。コードを用いてコミュニケーションとエネルギーの交換をおこないます。関係コードは半透明で薄いブルーのように見え、しなやかなホースのようであり、その中を私たちのエネルギー意識が通ります。コードもエネルギー意識でできています。関係コードは私たちのエネルギー意識を伝達します。関わり合う人々の間の感情や思考のエネルギーが流れています。このエネルギー意識はコードによってダイレクトに知覚のシール（封）へと送られ、シールを貫通します。この流れは二人が物理的にどれだけ遠く離れていても起こります。物理的な位置は関係なく、また、昼夜の時間帯も関係ありません。数年、数世紀という長い年月もあり得ます。愛する人が肉体的に生きているか、亡くなっているかにかかわらず、コードによるコミユニケーションは起きています。関係が長く親密になるほどコードのつながりは強くなり、コードの数も多くなります。コードの種類と生体エネルギー意識体系（ＨＥＣＳ）での働きは次の項で説明します。

五種類の関係コード

私がコードのワークを始めてしばらく経つと、ヘヨアンはコードには五種類あると教えてくれました。

1. ソウルコードはスピリチュアルな世界で神と魂とを結ぶ原初のコネクション。
2. 過去生コードは地球上およびそれ以外での体験とのつながり。
3. 遺伝コードは生みの親とのつながりから得るもの。
4. オリジナルの関係コードは両親や育ての親など、主要な保護者と結ぶ。
5. 関係コードは人やペット、個人的に思い入れのある対象物などとの関係を通して培われる。人間関係が広がるにつれて関係コードも増える。関係コードは自分と両親とのコードの複製になりやすい。きょうだいとも、家族のメンバーの全員とも関係コードを作る。ペットがいれば、その生き物ともコードができる。

遺伝と関係コードのヒーリング

遺伝コードと関係コードの損傷：遺伝コードと関係コードがダメージを受ける原因はたくさんあります。幼児はお気に入りの玩具に関係コードを巻きつけ、家族から得がたいものを補おうとします。その玩具を奪われると関係コードも引き裂かれ、玩具から得ていた関係性と安心感が破壊されるため、非常につらい体験をします。一人で眠る時にぬいぐるみを抱いて寝る子はたくさんいます。

私は五歳の時に妹が生まれ、とても不安になりました。母は妊娠中の九ヶ月間ずっと体調を崩していました。当時三十二歳だった父は不況で失業し、妻と三人の子を抱えて途方に暮れて心を病みました。兄はいつも私をからかいました。しかも、妹は生後すぐに肺炎にかかりました。母は妹から目を離さないように、妹を食卓の上に寝かせて家事をしました。私はなぜ妹がそんなところで寝かされているのかが不思議で、しょっちゅうテーブルの下で遊んでいたのだと思います。私は誰にもかまってもらえず、妹だけが可愛がられていると感じました。ですから、妹が小さなぬいぐるみの「わんちゃん」を与えられると、それが欲しくなりました。私はぬいぐるみを奪い、自分のもののようにしました。

私は愛情を得ようとしたのでしょう。もちろん、それはうまくいきませんでした。母は「わんちゃん」を取り上げて妹に返し、叱られた私は打ちひしがれました。家族は私を粗末にしていたわけではありませんでした。子どもの精神では、私はそれが理解できなかったのです。

遺伝コードはいかに作られるか

遺伝コードは生まれてくることを望む人のハートチャクラと母親になる人との間で作られます。コードがつながってからでなければ受胎しません。このつながりは母子の第七レベルの外側で発生します。図17－1を参照してください。このつながりができると女性は受胎します。私は不妊に悩む女性たちのセッションをたくさんしてきました。みな医学的な検査で異常がないのに妊娠できず、私のところに来たのです。

超感覚的知覚で見ると、彼女たちは物質界に生まれることを望む人とハートのコードのつながりが作れていませんでした。無意識のうちに妊娠を恐れ、コードのつながりを防いでしまっていたのです。ヒーリングセッションでコードをつなげると二、三ヶ月後に自然妊娠ができました。

遺伝コードは父親とも結ばれます。それがいつ起きるかは正確にはわかりません。不妊の問題で私のところに来る男性はいなかったからです。しかし、父親と子どものコードは遅くとも受胎時までにはつながるようです。

妻を支えるためにヒーリングセッションに来た男性も二、三人しかいませんでした。「妻に言われて来た」という人や、妻のハートコードを癒しても妊娠に至らなかった人たちです。男性のハートコードを癒すと女性が妊娠できた例もありました。妻のヒーリングの付き添いで訪れた男性にもコードのワークができました。

生まれてこようとする魂との遺伝コードをハートチャクラに深くつなげられない女性（と男性）もいました。彼女たち（と彼ら）は妊娠に対する不安を自覚していませんでした。こうした人たちのエネルギーフィールドはみな、ハートチャクラに同じような損傷がありました。図17－2に示したように、濃く暗いブロックがチャクラの深いところにあり、コードが根づくのを妨げています。深く根づかなければ妊娠は起こりません。スピリチュアル面でも生物学的な面でも神の意志にゆだねることが必要です。ヘヨアンもそれについて語っています。

神の意志に従うことについては、多くの人が大きな誤解をしています。宗教の教えによって、また、自分の父親や他の男性権威者のあり方からネガティブな影響を受けているのです――特に、神の怒りについて。それ見たことか、「彼」が言うとおりにしないからだ！　と思っています。神の意志を誤って捉えていれば、授かるものも授かれません。ですから、次に挙げるヘヨアンの、やさしい神のはからいについての教えが大切です。

神の意志についての黙考

神の意志について静かに考えてごらんなさい。
それは複雑で正確だ。
きみに何かを強制もせず、
きみを反抗させようともしない。
すると、神というものへの
見方がすっかり変わるだろう。
神に背けば
罰を受けるとばかり思っていたけれど、
あの怒りっぽくて
強情な神はどこへやら。
ただ神聖で精妙な
美しい形があるだけだ。
この宇宙の精妙さに
ただゆだねて
きみの生命を神の意志にシンクロすれば
まさに今、このひとときに
安心できる喜びと嬉しさを感じるだろう。

神の意志とは生命を正確に、神聖にまとめあげること。
神の意志とは神の正確さを示すテンプレート。
物質界に現れる
あらゆるものと存在の
すべての形の雛型だ。

神の意志はやさしく触れる、神聖なる正確さ。
この宇宙の物質の法則は
きみの学びに役立つ。
その法則は神聖なる正確さで
きめ細かな鋳型の中にある。

頬をなでるそよ風に神の意志を感じることもあるだろう。
花びらをそっと開かせるのも神の意志。
日々、伸びていく美しい木にも
子宮に姿を現す胎児にも
神の意志が見てとれる。

きみの生命がひらくところにも　神の意志がある。
あらゆる種の進化の中で

正確に、繊細にひらく生命のパターンも神の意志。
神の意志は天球の音楽だ。

きみが思うままにゆくためのテンプレートを支えるのも神の意志。
きみが愛ある選択をし、
自分のバランスをとり、
今、この瞬間の体験にゆだねることを。
きみに訪れるものや
きみを通り抜けるもの、
きみの中でふくらみ、しぼみ
きわめて自然に、美しく、きみの生命を展開させるものにゆだねることを。

きみの愛の創造の力から
表れる神聖なる正確さは何?
きみのユニークで完璧なパターンを探してごらん。
これまで人間にとって
神の意志とは厳しいものとされてきた。
それはまったく大間違い。

神の意志は罰しない。

きみを罰するのはきみ自身。
なぜなら二元性と分離を信じているからだ。
きみの中に、そして宇宙にある意志の
神聖なる雛型は穏やかでやさしいものなのだ。

生まれてきたい人と両親のハートチャクラが遺伝コードでつながると受胎に至ります。すると、他のチャクラの遺伝コードも急速につながります。私はそこまで実際に観察はできていません。なぜなら、妊娠したクライアントはヒーリングに来なくなるからです。遺伝コードのつながりは永遠に続きます。実の両親との遺伝コードは子どもを里子に出した後も存在します。損傷があれば、すこやかな魂を育むために修復し、つなぎ直すことが大切です。この点については次章の先祖のルーツコードの内容で詳しくお伝えします。ルーツコードは他のコードとかなり異なります。

もちろん、不妊の原因は遺伝コードの損傷以外にもあり得ます。私がヒーリングの場で見てきたところ、男性と女性の体液の酸性度によって妊娠の持続が困難だった例や、男性の第二チャクラの問題、また、女性の子宮のフィールドの弱さが流産を招いた例もありました。

子宮内での関係コードの発達

胎児が子宮内で成長するにつれて、胎児と両親のチャクラを結ぶ関係コードも育ちます。コードの発達は子どもが生まれた後の成長過程でも続きます。この親子のコードは子どもにとっての関係コードの原型になります。子どもは他者と関係を結ぶ時に関係コードをつなげます（図17－3参照）。それらの関係コードは両親もしくは主に育ててくれた人との間に形成したコードに基づいています。つまり、両親や保護者との関係が、子どもが将来に築く関係コードの原型になるのです。女性とは母親や女性保護者と似た関係を築き、男性とは父親や男性保護者と似た関係を築きます。

コードについての基本情報

すこやかな関係コードは第一チャクラから地球のコアにつながっています。第七チャクラからは高次のスピリチュアルな世界につながっています。

残りの五つのチャクラから伸びる関係コードはそれぞれ相手のチャクラとつながります。第二チャクラと第二チャクラ、第三チャクラと第三チャクラ、第四チャクラと第四チャクラという具合です。健康な関係コードは二人の第二チャクラから第六チャクラまでのそれぞれを互いにつないでいます。健康的な関係では双方の同じチャクラ(第二〜第六チャクラ)どうしでエネルギー意識が送受信されています。

第二チャクラから第六チャクラまでのそれぞれから左に伸びる関係コードは母親と、これまでに人間関係を結んだすべての女性に向かい、右は父親とすべての男性に向かいます。

関係コードは人間関係の性質を表します。やさしく心安らぐ関係であればコードもその状態を表します。険悪な関係であればコードはギザギザでこわばっており、きついエネルギー意識が流れています。

関係コードは空洞で柔軟性のあるチューブであり、柔らかい水撒きホースのようです。色はブルーです。このコードを介して二人の間で情報のやりとりがなされます。送られる情報は本能的で直感的なものです。思考のようなメンタルな性質のものではありません。何もしなくてもわかる、なぜだかわからないが知っている、という感覚に近いです。

関係コードはあらゆる生物が子孫に何かを教えるために使われます。関係（と遺伝）コードのつながりは永遠に、死後も続きます。
コードの不健康なつながりはさまざまな歪みを作ります。たとえば次のような形です。

1. 引き抜かれて他のコードともつれ合ったり、宙に浮いたりしている。
2. 自分の内部に深く埋め込まれ、もつれている。
3. 細かく裂かれている。
4. 本来とは異なるチャクラとつながっている。
5. 弱い、硬直している、重い、汚れている、吸い込んでいる、要求している、支配的、引きずっている、など。
6. 適切につながらず、相手の周囲に巻きついている。
7. 適切につながらず、相手の中に埋め込まれ、もつれている。

関係を結べば
その関係は常にあります。
関係コードは永遠に存在します！

不健康な関係コードには癒しが必要です。
癒されるまで、その人は
さらに不健康なコードを増やし続けるからです！

どんなにひどい関係が
ひどいコードを作っていても、
コードは絶対に切ってはなりません！
癒すべきなのです。

それが苦痛で「悪い」関係であったとしても
あらゆる人間関係は
自分を知る貴重な機会を与えてくれます！

コードを切るヒーラーがいるそうですが
癒しが必要なものが増えるだけです。
切れたコードには修復が必要。
関係コードは永遠に存在します。

オリジナルの関係コードは
生まれる前にできて、死後も存在し続けます。

遺伝と関係のコードの癒し

コードヒーリングでは予想しなかった展開や、驚くようなことが起こります。

1. コードヒーリングにはヒーラーとクライアントの他に、クライアントと現在もしくは過去に関係があった人の三者が必要です。
2. 第三の人物はヒーリングルームに物理的に来る必要はありません。可能であれば、もちろん同席してかまいません。
3. 第三の人物からはヒーリングへの同意と、HEFの第四レベルのリアリティに入ることに承諾をもらいます。
4. 関係コードのヒーリングはコードヒーリングのテクニックに加え、遠隔ヒーリングのテクニックを用います。クライアントはヒーリングルームにいる必要はありません。
5. このテクニックは五種類のコードのすべてに有効です。

生徒と亡き母親との関係コードのヒーリング：関係コードのヒーリングの実例をご紹介しましょう。二、三年前に私がバーバラ・ブレナン・スクール・オブ・ヒーリング（BBSH）の三年生の授業でヒーリングのデモンストレーションをした時に、三十代の男性生徒がクライアント役になってくれました。彼の名を仮にドナルドとしておきます。過干渉な母親に育てられたドナルドは自分らしく生きるために第三チャクラの関係コードを引きちぎって自分のチャクラの中に引き込み、ぐるぐる巻きにしていました。

ヒーリングでまず私は通常どおり、彼のフィールドのクリアリングとチャージをしました。足から慎重にワークを進め、チャクラをチャージして修復しました。ドナルドの第三チャクラのクリアリングとチャージをし、引きちぎられたコードに滞留したエネルギー意識をほどいてクリアリングしました。彼の母親が霊体の姿で現れ、ヒーリングを受けようとしていました。彼女は遠いところに立っており、ドナルドとは互いの第七レベルが触れていません（図17－4ａ参照）。私はドナルドのコードをクリアリングしてから第七レベルの外に引き出し、そこにとどまらせておいてから、彼の母親のコードも同様にクリアリングとチャージをし、彼女の第七レベルの外に引き出しました。

あとは互いのコードの端と端をつなぎ直すだけ。慎重に、思いやりをもっておこないます。二人のコードがつながると、互いの間にエネルギー意識がどっと流れ出しました。二人のフィールドは明るくなり、喜びにあふれました。ヒーリングはシンプルなクロージングをして終了です。二人が安堵しているのがはっきりと感じられました。図17－４ｂを見てください。

関係コードのヒーリングに必要なヒーラーの技術

先に挙げたヒーリングは単純に聞こえるかもしれませんし、実際に単純です。ただし、難しいスキルがいくつも求められます。どのようなスキルかをご説明しましょう。

ヒーラーは自分と二人のクライアントのために――合計三人に対して、四つの次元（コア、ハラ、ＨＥＦ、肉体）を安定したクリアーな状態に維持できなくてはなりません。ヒーリングの最初から最後まで、ずっとです。

三人のフィールドに対して、ヒーラーは超感覚的知覚で以下のものをすべて同時に知覚をし、ワークができなくてはなりません。

1. ＨＥＦの七つのレベル。
2. ハラ。
3. コード。
4. チャクラ。
5. チャクラの中にあるシール。

また、ヒーリングの間は無条件の愛の状態を保つことが必要です。

健康的なコードとシール

健康的なコードとシールの状態は図17－5に示しています。チャクラの深いところにある封のようなものを「知覚のシール」と呼んでいます。これがエネルギー意識を感知するメカニズムの一部であることは第6章（上巻）で述べました。これをエネルギー意識と呼ぶただ一つの理由は、生体システムのＨＥＦの周波数帯域では**意識の要素が大きな影響力をもつ**ためだということを再度強調しておきます。

第6章（上巻）にもあるように、ＨＥＦ次元にあるシールはレンズに似ており、エネルギー意識はこのシールを通ってらせん状にチャクラに入り（図6－1で矢印で示しています）、ＨＥＦをチャージします。「知覚のシール」がきちんと機能し、ＨＥＦのコントロールができるようになれば、このエネルギー意識が感知できます。コードもＨＥＦの一部であり、長くて柔軟な空洞のチューブに似ています。青い色に見えるでしょう。図17－5で示したように、コードはシールを貫通しています。

エネルギー意識としてのＨＥＦは色や形で見ることができます。肉眼で普通に見るのと似ています。

コードで送られる情報もＨＥＦのエネルギー意識のようなものと言えます。エネルギーがチャージされた液体かバイオプラズマのようなものが流れているのです。それがコードの中を流れる時に、超感覚的知覚での触覚や視覚、聴覚、嗅覚、味覚、直感で知覚できる情報が運ばれています。

知覚のシール：シールの中に入るとコードの存在は消えます。コードで伝えられた情報は他の次元に移ると変容します。さらに深い次元に送られるとコードの存在は消えます。コードで伝えられた情報は他の次元にコアスター次元（エッセンス）――に下りるとＨＥＦの中で情報の変容が起きるのです。エネルギー意識はその次元が表す性質へと変容するということです。シールの奥で情報がハラ次元とコアスター次元に変容するのを追って知覚するのはたいへん難しいです。

ハラ次元に入った情報は意図に変容します。意図がコアスターに下りるとエッセンスに変容します。それは私たちの本質的で崇高なあり方です。では、エッセンスで知覚して体験するとはどんなふうであり、私たちはどんな形で情報を得るのでしょうか。私にとっては次のようです。

誰かのエッセンスを体験することは、その人の高次の知と原理が愛の中で具現化された、ユニークな資質を全身で体験することです。

つまり、お互いの人間関係を通して私たちのエッセンスは豊かに発展するのです。大切な相手との間にも、ただの知り合いや知らない人たちすべてとの間にも、関係が存在します。植物や動物や――生物すべてとも関わり合っています。現段階ではまだ人類が想像したことのない存在も、きっとたくさんいるでしょう！

第17章の復習　関係コードの癒し

1. あなたの実の家族の中で最も難しかった関係は？
2. あなたの実の家族の中で楽だった関係は？
3. 1の答えを考えると、実の家族の中の誰との不健康なコードの癒しが必要ですか？
4. 3の答えを考えると、あなたが現在、不健康なコードのつながりをくり返しているのはどのようなタイプの人たちとでしょうか？
5. 現在の人間関係で、関係コードを癒すためにあなたの中で解決が必要なことは何ですか？　現在の人間関係にネガティブな影響を与えているものを三つ挙げてください。
6. 2の答えを考えると、どんな人間関係が最も楽ですか？　よいと感じることは何でしょうか？　それらの関係から、あなたは何を得ていますか？

第18章　先祖のルーツの癒し

きみは家族を選んだ。
特定の知性や関心、才能や環境、金銭的な課題をもつ家族を。

毎回生まれてくる前に
生理学的な面も物理的な面も慎重に
検討して決めたのだ。

これにはきみがコアエッセンスとして
多くの世代を経て培ってきた
側面も含まれる。

また、いくつもの過去生をさかのぼれば
きみは自分の祖父／祖母だったかもしれない。

その祖父／祖母として人生を生きてから
何世代も経った後、今、
生まれ変わってきたのかもしれない。

家族のメンバーはたいてい
何世代かを飛ばして生まれてこようとする。

そういう視点で考えてみると、どうだろう。
もしかしたらきみは、いや、まさにきみ自身が守護者かガイドなのかもしれない。
――ヘヨアン

私たちのルーツについての混乱

誰でも自分の先祖の話を聞いたことがあるでしょう。私もウィスコンシン州で寒い冬を過ごした幼少期、父から話を聞きました。私たちの先祖はメイフラワー号に乗り、まだ見ぬアメリカに渡った勇敢な人々だ、と。家系図には有名人が二人おり、それが米国大統領のアダムズ親子でした。どの家の家系図にも高名な人物がいるものです。必要な時に模範となる存在だからでしょう。

私の祖父母の話は母から聞きました。オクラホマに白人の入植者が殺到したランドラッシュの時代です。祖父母は幌馬車で寝泊まりして土地を手に入れました。穀物を先住民族に渡してバッファローの肉と交換したそうです。母の兄たちはオクラホマで小麦農場を運営し、今でも彼らの息子たちの何人かが跡を継いでいます。

誰もがそうした家族の歴史を知ろうとします。自分の存在が確認できるからです。先祖の話を聞けば安心できるし、困難を克服する力を思い出させてくれます。これらの話はみな自分のルーツを感じさせてくれます。私たちの基盤は未来へと続く道を用意してくれた先祖に、また、大地に根差しています。私たちも未来の世代へとよりよいものを手渡そうとしますが、いつもうまくいくとは限りません。

私たちは大地と先祖につながりたいものです。ルーツについて話す時は先祖とのつながりを感じます。

先祖の話を聞けば共感し、夢を追う勇気を誇らしく感じます。

では、生体エネルギー意識体系（ＨＥＣＳ）にある先祖のルーツのすこやかな形とはどのようなものかを見てみましょう。ルーツが何をして、私たちの人生にどう影響し、どのように誤用され、どのようにして形を損ない不健康になるか。そして、私たちと先祖たちの両方にとってすこやかな関係を再生させるには、どのような癒しをすればいいのでしょうか。

私たちのルーツ

関係コードと先祖のルーツを見れば、クライアントの交友関係や家族関係について多くのことがわかります。ＨＥＣＳの先祖のルーツの健康状態はさまざまです。

先祖のルーツは関係コードとかなり違っています。両者につながりがあるため、最初は混乱するかもしれません。でも、よく見るとわかるでしょう。

第17章で関係コードを通して友人や愛する人々とコミュニケーションがなされると述べました。関係コードは空洞の、長くてしなやかな青いチューブで、二人の間の情報がその中を流れています。この情報は色がついたエネルギー意識でできており、二人の関係の性質についての多くの情報を含んでいます。関係コードは直接的なパイプとなり、情報を即座に伝えます。相手との交流が増え、情報のやりとりが増えるとコードも増えます。どんな関係にある相手でも、失うとつらいのはそのためでもあります。コードは人間関係の大切な要素を擁しているのです。

コードとルーツの違いを知ることが重要なのは、ヒーリングのテクニックが異なるからです。ルーツヒーリングはバーバラ・ブレナン・スクール・オブ・ヒーリング（ＢＢＳＨ）で教えるテクニックの中でも最も難しいものです。ルーツヒーリングでは学校で習った技術のすべてを使います。

先祖のルーツ：先祖のルーツは頑丈で真っ黒で柔軟性があります。自分が生まれた家族との間を結んでいます。扱うのが最も難しく、かなりの集中力が求められます。ルーツはチャクラの中のシールの中からハラ次元へと下りており、存在のコアであるコアスターへと伸びています。

伝統的な先祖のルーツ（Traditional Ancestral Roots：TAR）

HECSの先祖のルーツはかなり誤解されています。きちんと理解できるよう、遺伝コードと健康的な先祖のルーツのなりたちを見てみましょう。昔から伝わるものがHECSに大きな問題を与えることがわかるでしょう。古い世代が負わせる伝統は若い世代を傷つけ、文化の発展までをも止めてしまいます。先祖のルーツが不健康にもつれていると、文化の保存どころか殺すことになりかねません。それがどう起きるかを理解するのは万人に重要です。それでは、まず、先祖のルーツの本質と機能を説明してから、若い世代を支配する誤った使い方と、若い世代がダメージを受けた例を示します。伝統の押しつけは人類全体にダメージを及ぼすのです。

伝統的な先祖のルーツ（TAR）は遺伝コードが操作され、歪められたものです。伝統を受け継がせるために子どもたちをコントロールする目的のために歪んでいます。根底には宗教もしくは生存の目的、あるいはその両方があることが多いです。

伝統的な先祖のルーツが発生する要因はたくさんあります。最もよくある要因は単純なものです。たとえば、特に伝統とのつながりさえもたない親——たとえば父親——が、自分ができなかったことを子どもにさせようとする場合、遺伝コードを自分のチャクラから引き抜いて子どものシールに突き刺し、チャクラの奥に入れ込みます。本来ならば子どもの遺伝コードは父親とつながっているはずですが、父親の暗くて歪んだ、頑固で支配的で要求の強い、こわばったコードに代えられてしまいます。これは黒いルーツのように見えますが、本物のルーツではありません。歪んだ遺伝コードです。[15]

歪んだ遺伝コードを伝統的な先祖のルーツと私が呼ぶのは、これが子孫を支配する「我々の伝統的なルーツ」の継承のための生体エネルギーフィールド（ＨＥＦ）のメカニズムだからです。このルーツは癒されるまでずっと後世に自動的に伝わり続けます。遺伝コードが伝統的な先祖のルーツに取って代われば遺伝コードは歪み、健康的な遺伝コードを子どもに与えることができません。次の世代に手渡すのは先祖のルーツになります。伝統的な先祖のルーツのヒーリングはその起源となった世代までさかのぼらなくてはなりません。ですから癒すのが難しいのです。

伝統的な先祖のルーツは子どもにとってたいへん不健康です。子どもの自由意志に干渉します。伝統的な先祖のルーツは見かけも感触も粘り気のある黒いヤニのようです。ねじれた形でチャクラのシールを突き抜けますから知覚は乱れ、偏見や先入観が植えつけられます。そこから生まれる伝統や偏見によって視界は遮られてしまいます。ルーツによって知覚のシールが損傷された部分は文字どおり、ＨＥＦの盲点となります。

誤解を防ぐためにお断りしておきますが、私はバラエティに富んだ文化を素晴らしいと思っています。それぞれに独自のよさや価値があります。異文化の間で学べることもたくさんあります。それぞれの文化は特有のＨＥＦを発達させており、人類全体に貢献しています。

15　ここでのルーツは地に下ろすルートとは異なります。地に下ろす方のルートは関係コードであり、第一チャクラから伸びています。

ヘヨアンはこう言っています。

人類は
みな同じになるようにはできていない。
つまらないからね！

しかしながら、文化は異質なものに対する恐怖や憎悪もはらんでいます。その多くは過去の歴史に基づくもので、もはや現実的な根拠がありません。歴史上のある時点では生存のために必要だったかもしれませんが、いまや過去の遺物と化しているものもあります。恐怖と憎悪は偏見として定着し、人々の無意識に沈滞した信念体系になっていきます。それを意識して考えることは、たぶん、まったくないでしょう。

伝統的な先祖のルーツの事例：偏狭な伝統が不健康なルーツによって個人の自由意志に干渉している実例をご紹介しましょう。自分が何をしたいかが、まったくわからないという大きな問題を抱えた男性です。残念ながら、私は彼にヒーリングをする機会はありませんでした。

この男性は第四チャクラの遺伝コードが伝統的な先祖のルーツと入れ替わっていました。起源は男性の家系で何世代も前にさかのぼります。ルーツは彼の背中から第四チャクラに刺さり、カールしながら前後のシールを貫通し、身体の中心を上下に流れるエネルギーの垂直流（ＶＰＣ）を下って第三チャクラと第二チャクラと第一チャクラにも同じようにして前後のシールに干渉していました。彼のハートチャクラが担う愛と意志のバランスがルーツに支配されているということです。誰を愛するかも、自分の意志をどう使うかもコントロールされているのです。彼の意志は主に、両親や家族を養うためにお金を稼ぐことに向けられていました。ルーツはＶＰＣを通ってハートから下へと流れていたので、それぞれのチャクラの自由意志や理解も妨げられていました。彼は第一チャクラと第二チャクラ、そして第三チャクラにも置かれた伝統とルーツに支配されていたのです。

具体的には次のようなことです。第四チャクラは彼が誰と交際して結婚すべきか。第三チャクラは彼が自分のためにすべきことと、家族や親戚の中の誰を大事にすべきか、ということ。家族でない人は放っておくこと。第二チャクラは性的な歓びの表現や体験をどうすべきで、結婚相手を誰にすべきか。そして第一チャクラは身体を使った活動や楽しみを誰と一緒に、どうすべきか、ということです。

彼の身体の前面には女性の先祖のルーツが刺さっていました。これは第四チャクラの前面だけでしたから、シールも前の面だけが影響を受けていました。男性の先祖たちからのルーツは第四、第三、第二、第一チャクラを貫通していましたから、彼が受けるプレッシャーは男性の家系からの方がはるかに重いものでした。

次の項では先祖のルーツが知覚のシールを貫通することで生まれる盲点（ブラインドスポット）についてお話しします。

伝統的な先祖のルーツによってできる知覚のシールの盲点：チャクラに入ったルーツはたいてい知覚のシールを貫通し、その部分が知覚の盲点になります。このようなダメージの一例を図18－１ａに示してあります。ある女性の例ですが、彼女にヒーリングをおこなう機会は得られませんでした。伝統的な先祖のルーツがどのように盲点を作るかを示すためにご紹介しています。視覚を司る第六チャクラに注目して図を見てください。二人の大人が向かい合って立っています。向かって左側がルーツを伝える人物で、成人した娘が右側です。６Ａは額にある第六チャクラ、６Ｂは後頭部にある第六チャクラです。左側の父親は遺伝コードを自分の第六チャクラのシールに突き刺し、視覚に盲点ができました。その後、彼は（年齢を重ねてから）ルーツを娘の６Ａに三回突き刺して６Ｂまで三回貫通させ、第六チャクラの前面と後面に三つの盲点を作りました。この様子は図18－１ｂで示しています。シールにできた盲点は点のようになっています。図18－１ｃを参照してください。本来であれば見えるはずの現実が、盲点によってブロックされます。見えなくなるものはタブー（禁忌）や隠されがちな分野であることが多いです。娘はその部分を認識する能力が妨げられます。父親が娘に見せたくないものであり、娘も真の現実を見ようとしなくなります。図18－１ａでは第六チャクラのシールの中で、ルーツがハラ次元を通ってコアスターに伸びています。

シールに盲点ができるとクリアーな現実認識ができなくなります。こちらが伝えようとしていることが理解できません。盲点が癒されない限り、見えないでしょう。伝統あるものに対してコミュニケーションを取るのが難しいのはこのためでもあります。お互いに見えていないわけです。ライバルとなる伝統があれば、自らの伝統に属する人々に積極的に盲点を作ります。外交が難しいのもうなずけますね！一人ひとりがみんなのために心を合わせたとしても――もちろん、それはめったにありません――何世紀にもわたる盲点のために、相互理解や平和を生み出すのは困難です。理解よりも伝統の保守が重視され、さらに盲点が維持されてしまうのです。

死の過程での伝統的なルーツの問題

ロバート・モンローとの体験から少し経った後、私は病院で終末期にある九十代の友人を訪ねました。仮に彼女の名をルースとします。ルースの意識は肉体から出たり入ったりしており、意識が「落ちる」たびに混乱していました。彼女は何度も「落ちる」と言っていたのです。私はモンロー・インスティテユートで習ったテクニックを使うことにしました。彼女の両手を握り、心配は要らないと伝えました。彼女の家族も穏やかにルースを囲みました。私が病院を出てから少しして、ルースは亡くなりました。私はすぐに瞑想をして、彼女をレベル27（第16章参照）に誘導しました。それはうまくいったようです。ルースが転生への移行期間を過ごすためのコテージが、先に亡くなった夫によって用意されていました。

ルースの葬儀でユダヤ教のラビがカッディーシュの祈禱文やその他の祈りを捧げる間、私は生命のエネルギーフィールドを見ていました。ラビはまずヘブライ語で唱え、次に英語で唱えています。英語の時には変化がなく、ヘブライ語の時に多くのことが起きました。その時に私が見たエネルギーフィールドの変化は次のとおりです。

1. 最初の詠唱で、その場を保護するようなエネルギーのドームができました。蓋を閉じた棺のまわりに人々が立つエリアを覆っています。いくつかのお墓がありました。近いところにあるため、お墓もドームの中に覆われています。
2. 家族との関係コードが切り離されました。
3. 家族の生命のエネルギーフィールドがルースのものから分かれ、二つに分離しました。一つのドームが家族を覆い、もう一つのドームがルースを覆います。
4. ルースの第四レベルのＨＥＦのボディと高次のスピリチュアルボディが肉体から分離しました。
5. 長い廊下の先には苦しみながら手を伸ばす先祖たちがいました。彼らはルースを求め、吸い込もうとしていますが、ルースは行きたくありません。
6. ラビがヘブライ語で何かを唱えると、ルースは行かざるを得なくなりました。そして先祖がいるところに吸い込まれていきました。

7. 棺が床に下されるとボディの周囲のエネルギーのシールが閉じ、それ以上の接触が防がれました。
8. このシールが棺の中の遺体と家族とを分け隔てます。棺や地面や参列者を囲んでいたドームは消えました。
9. カッディーシュが終わり、家族や参列者は退場。家族とのエネルギー的なつながりは切れ、ルースは先祖と共に残ります。
10. 先祖たちは退場する私たちにじっと意識を向けています。エネルギー的には切り離されていますが、生きている人々の生命を求めているようです。彼らはいろいろな虐殺行為の犠牲者のように見えました。最も近いところではホロコーストです。
11. 前には書いていなかった事柄がもう一つあります。先祖とルースは伝統的な先祖のルーツでつながっていました。

私は超感覚的知覚で見たことを誰にも言いませんでした。どう受け取られるかわかりませんでしたし、失礼だと思われてはたいへんです。また、かなり昔のことでした。それから年月が経ち、私は再びこのような現象を目撃しました。それはお葬式とはかなり異なる状況でのことだったのです。

ルースと同じような先祖の問題を持った女性のヒーリング

それは何年も経った後、ワークショップで私がヒーリングのデモンストレーションをしていた時のことです。先に挙げたお葬式の時に感じた疑問を（少なくとも私にとって）解決するような出来事が起きました。クライアント役として立候補してくれた女性はエアハルト式セミナートレーニングで自己啓発に取り組み、リーダーになった人でした。彼女はずっと義務感に苦しんでいました。大家族の中にとらわれて抜け出せず、まるで家族にエネルギーを吸い取られているようだと言いました。以後、彼女をハンナと呼びましょう。ヒーリングの間に私は次のような体験をしました。

ワークショップの参加者の前でハンナにヒーリングをしていると、彼女のエネルギーは確かに抜き取られているように見えました。彼女のフィールドからどこへ流れていくのかを追ってみると、また私は先祖の集団を見たのです。みな生命を求めてハンナに手を伸ばしていました。みなホロコーストで虐殺された時の恐怖と戦慄の中にいました。

私は先祖のルーツやアタッチメントを切り離そうとしましたが、どう頑張ってもできませんでした。彼らにはハンナにしがみつく以外に救いの道がなかったのでしょう。ハンナは間違いなく彼らの子孫でした。私はありったけの力を尽くした後で、あきらめました。降伏し、助けを求めて祈ったのです。すると、すべてが一変しました。

ハンナの頭からつま先へとアーチがかかるようにして、宙にアルファベットの文字列が浮かびました。テーブルの右側、彼女と先祖の間です。ヘブライ語の文字のようでしたが私にはわかりません。最初の二つの文字をボードに書いて参加者たちに尋ねると、ヘブライ語のアルファベットの最初の二文字だとわかりました。

ヘヨアンは私に「先祖たちをアーチに迎え入れなさい」と言いました。ヘブライ語のアルファベットのアーチです。私はヘヨアンが言うとおりにしました。これらの文字は神を表しているのだろうと思います。

先祖たちと霊的にコンタクトをするために、意識を切り替えるのにしばらくかかりましたが、ようやく彼らにもヘブライ語のアルファベットが見えてきて、ハンナに向けていた意識を文字に向け始めました。彼らは一人ひとり、文字に意識を向け、文字の中に入っていきました。

彼らが無事に故郷に戻ると、私はハンナのヒーリングの仕上げをしました。先祖のルーツを取り払うと彼女のＨＥＦは明るくなりました。フィールドのすべてのレベルとハラを修復し、ハンナがコアエッセンスにつながれるよう助けました。

問題は解決しました。生気を吸い取られるような感覚に何年も悩んだハンナは大切なエネルギーを取り戻したのです！　ハンナは先祖を敬いながら、自分の人生を生きる方向へと歩んでいきました。

デブラの伝統的な先祖のルーツを癒す

伝統的な先祖のルーツの癒しがＨＥＦにもたらす結果を見てみましょう。図18－２ａはクライアントと一人の先祖から、その前の世代の数名へのヒーリングの最初の部分を示しています（数年前に私がデモンストレーションとして授業の中でおこなったものです）。前に挙げた二つの例よりもずっとシンプルです。この「クライアント」を仮にデブラと呼びます。デブラは弟の世話でくたくたになっており、家族もあてにならず苦労していました。超感覚的知覚で見てみると、黒いルーツが第三チャクラの中でもつれています。下準備としてフィールドのクリアリングとチャージ、バランシングをしていると、デブラの弟が霊体として部屋に入ってくるのが見えました。ルーツは彼の何世代も前から支配をしていました。ただ黙って世話をしろと要求するエネルギー意識です。そのとおり、デブラは黙って人に尽くすことを求められていたようです。後になるまで私はこれが理解できませんでした。とりあえず、ヒーリングの話を続けましょう。

デブラの第三チャクラのルーツのもつれをほどいて取り除くと、私は先祖のＨＥＦに意識を向けました。デブラのチャクラからルーツが解放されると、彼女に連なる何世代ものフィールドのすべてが激しい恐怖に陥りました。図18－2bを参照してください。これらの世代全部に無条件の愛をもってワークを続ける必要がありました。かなりの集中力を要します。デブラの盲点が癒えるとすぐ前の世代をさかのぼり、その人の盲点を癒しました。こうして順々に、先祖のルーツの最初の代まで浄化をしたのです！

デブラの弟から一人ひとりの先祖をさかのぼってルーツのもつれをほどき、盲点を癒す必要がありました。彼らのチャクラやシールの中で、デブラと同じようにルーツがもつれていました。一人ひとりに許可を得てヒーリングを進めたことは言うまでもありません。みな最初は怯えましたが、快く応じてくれました。思いのほか多くの人が連なっています。私はルーツのもつれをほどきながら時間をさかのぼって一人ずつ会いました。彼らの人生体験が見え、伝統的な先祖のルーツのために解決できなかったものが見えてきます。弓矢で戦った人、寒い気候で凍えた人、雷を恐れた人、大きな鳥に襲われた人、薬草が入った土器を持つ人、狩りの獲物の鹿のような動物をさばいていた人。最後は動物の毛皮を着た原始人でした。ホラアナグマから身を守るためにみんなを静かにさせる役目を負っていました。このような形でこれほど多くの世代がつながっているのを見たことはありませんでした。

原始人の不健康なルーツのもつれを解くと、意外なことが起きました。真っ黒なルーツがクリアーになった途端に、本来の青いチューブの関係コードが彼から放たれたのです！　関係コードは次々と、自動的に後の世代へとジャンプして進み、どの世代の人も「自由がない」というネガティブな信念から解放されました。図18－2cを参照してください。

ルーツの束縛から一人ひとりが自由になっていく様子を、私は驚きながら見ていました。はじけるような喜びが部屋にあふれていきます。美しく青く、中が空洞の関係コードが再びつながると、コミュニケーションが次の世代へと流れて伝わっていきました。やさしい愛のエネルギー意識が世代から世代へと送られます。子孫たちはみな支えられ、ありのままの姿で愛されるようになりました。

そして、驚くようなことが起きました。教室にいた全員がそれを体験しました。遺伝コードは次々とつながり、教室に入ってきたのです。それは素晴らしい感覚でした。そこにいる生徒たちにも遺伝コードがつながりました。まったく予想外のことです！　みな、どこかでこの原始人と遺伝子的につながっているかのようでした。兄弟愛や姉妹愛、家族愛の感覚に圧倒されました。みな、遺伝によるつながりを、身をもって体験したのです。誰もがあの原始人の子孫です。言葉にならない叡智が直感のように遺伝コードを通して流れてきます。そこにいた誰もが、その週はずっと恍惚（こうこつ）としていました。

デブラの先祖のルーツのヒーリングの結果

ヒーリングの後、二、三日おいてからデブラに話を聞きました。彼女が落ち着くまで、じゅうぶんに余裕をあげたかったのです。私はとても興味がありました。彼女の体験と似たことが教室にいた生徒たちにも起きていました。デブラのヒーリングをしていた時に、彼らのＨＥＣＳにも同じヒーリングのプロセスが起きていたのです。

彼らの話は私の体験と一致していました。デブラの体験を二、三日後に聞き、また、何年も経った後でも、このヒーリングがどのように持続し、彼女の人生がどう変わったかを尋ねました。彼女自身のあり方にも、その後の生き方にも深い変化があったそうです。あのヒーリングは年月を経てなお、うまく続いていました。

この章でご覧いただいたように、コードは現世の人生を超えて続きます。死後には第17章でご紹介したような興味深いことも起こります。

つまり、それがあなたの人生です！

第18章の復習　家系における不健康な伝統

1. あなたが家系的に受け継いだ不健康な伝統は何ですか？
2. その結果として表れている不健康な行動は？
3. どのチャクラとシールが伝統的な先祖のルーツに影響を受けていますか？　どのような影響ですか？
4. あなたの盲点は？　見えているはずなのに気づかないものは何でしょうか？
5. その由来となるのは父方か、母方か？　それぞれの盲点の違いを見つけましょう。それぞれの盲点を三つずつ挙げてください。思い浮かびにくい場合は、それぞれの家系があなたに要求する態度や行動を考えてみてください。あなたは従いますか？　それとも反抗しますか？
6. 5で挙げた盲点はあなたの人生にどのような影響を与えていますか？　父方と母方の家系の要求に従って行動するために何をあきらめましたか？
7. ルーツの代わりにあなたが築くべき健康的な関係コードは何ですか？　これはあなたの深い癒しへの道です！　自分の望みや願いを感じてください！　どんな人生を生きたいですか？　人生をどのように再創造したいですか？　最も深い望みは何ですか？　どのようにして、それを叶える方向に進んでいますか？　（あなたが不健康なルーツを解消すれば、家族のメンバーを自由へと解き放つ助けになります！　あなたが選んだことに対して最初はみな不愉快に感じたとしても、あなたが一つの例を示せば彼らも自由になれるでしょう。あなた次第です。自分の人生に対する義務だけを果たせばよいのです！）

第19章　結合力のあるコアのコンセプト

本書の締めくくりとしてヘヨアンのチャネリングをお伝えします。焦点は世界の平和と死の超越、関係性の癒し、家系の遺産と、それがいかに世界の癒しや個人の役割と関係するか。最後に結合のための瞑想をして終わります。

世界の平和を創造する

今、ここにいることを意図してください。そして真実に生きることを。この先、あなたは恐ろしい脅威を目の当たりにするでしょう。すでにあなたは自分の内面にある恐怖と向き合ってきましたから、国と国との対立がエスカレートする時も、そこに空想の力が働いているのに気づくでしょう。テレビやインターネットで危機的な情報を見るたびに自己の内面に意識を戻し、それらの言葉が自分の中に、いかに恐怖を引き起こしているかに気づいてください。生理的な反応や、心理的／感情的なリアクションはどうか。不安に駆られて、とっさに何をしているか。危機を感じて、何を選択しているか。あなたの行動は結合を求めるものか、それとも分断を求めるものか。

皆さんの多くは自分の価値観を変えるプロセスにあり、統合された真の自己に還ろうとしています。ふるさとへの帰還の先には、ずっとばらばらだった家族の再生も待っています。あなたの価値観が変わる時、あなたは聖なる心の居場所を見つけるからです。

心の中で、たくさんのものを見つけるだろう。
愛がある場所もそこにある。
そこは生命のすべての側面を迎え入れる場所、
いわゆるテロリズムでさえも。

いろいろな国や地域の人々が弁舌で恐怖を煽り、さらに多くの人々のアストラルレベルに働きかけて、ネガティブな行動を「対抗勢力」に対してさせようとします。あるいは「ネガティブに分断されたパターンの中で、一派として団結する」と言ってもいいでしょう。これは二元的な創造のプロセスです。巧みな弁舌もエモーションも嘘も、タイムカプセルの中にずっとあった不安や恐怖を引き出すためのもの。そして分断が始まります。その目的は、あなたを二元性に誘導し、敵と味方に分かれた争いに参加させることです。

この試練に、人類は何千年も遭遇し続けてきました。今世紀、私たちは力の限りを尽くし、あらゆる手段を使い、皆さんに伝えます。二元性は幻想であることと、人間に必要なものはみな共通であることを。

人間が最も恐れるものの一つは「不足」です。逆にこれが過剰な消費を生み、地球の生態系を乱し、資源を枯渇させせます。人間がやり過ぎなければ生態系はバランスを維持できるのです。

同じ国の人々は、深いところでみな同じイメージと恐怖を抱えています。どの国も、その国の言語と行動によって教えられる歴史に基づき、その国なりの二元性と恐怖をもっています。国の歴史は二元的な形で書かれ、国民に二元的なイメージを抱かせます。国民が集まればイメージは信念体系となり、安全を守るためになすべきことが決まります。人間の問題とは内面の問題だとすれば、集団も集団の内面にある恐怖に対してリアクションをするわけです。あなたも自分の内面と社会にある恐怖を抱えています。今、ここにいる、そしてこの世界にいる一人ひとりに刻み込まれた歴史こそ、私たちが解消を願っているものです。人類の問題を解決し、地球の資源の維持と自然のバランスの回復のために。

覚えていてください。物事が実現する前には必ず、まずアストラル界で臨界点に達する必要があることを。国が体外的に何かを主張し、不安を煽って行動させようとする時に、その根底には国が抱える先入観や信念体系があることを。

また昔のように不安が高まりそうになったら、私たちがあなたがたを支え、共に歩めるように招いてください。不安や恐れを感じるのは、ただ愛から遠ざかっているだけのこと。自分から離れているのです。あなたの心の居場所から離れているのです。そのように感じている時は、あなたはその分だけ、神聖な人類の心のコミュニティからも離れています。

世界じゅうに神聖な人類の心のコミュニティが生まれ、その中に平和が生まれます。自分の心にどれほどたやすく恐れが引き起こされることか。その恐れの影響力の強さを知れば、あなたを叩き壊そうとする敵を想像して恐れる危険もわかるでしょう。でも、人類の癒しにそぐわない行動をさせる敵は、あなたの内面の二元性の中にいます。あなたの内面にあるイマジネーション、あるいは二元的な信念体系から生まれる誤解と言ってもいいでしょう。

あなたが敵視する相手もまた、恐怖に駆り立てられて行動しているだけです。敵は世界の飢餓だと思えるかもしれませんが、そうではありません。それを人間が作り出しているのです。世界情勢への不安も人間が作り出しています。もちろん戦争も同じ仕組みです。分断は想念形体の中で作り上げられます。何人かの人が自らの恐怖に駆り立てられて、それを世界規模での臨界点へと高めて戦争の実現を目指しています。あの創造のプロセスを一歩ずつたどっています。他の人々は調和を目指し、創造のプロセスをたどっています。

今、この試練の時に、ベールの向こう側とコミュニケーションを続け、両方の世界を歩けるかが問われているのかもしれません。ひどく感情的になっている時に、それをきちんと指摘できるか。誰かがわざとネガティブな感情を——憤りや怒り、不安や恐怖を——アピールし、繊細な人々にもリアクションをさせようとする時に、指摘できるか。ぐらついてしまう人々がいるのは、このような教えを受ける機会がなかったからです。彼らはここで語られている内容を聞いたことがありません。ネガティブな感情を起こさせる方法なら多く知られているけれど。そうした理不尽な感情のリアクションをやめ、光と愛と力を感じる道を選ぶ方法は、まだまだ知られていないのです。

理不尽な感情のリアクションから愛へと移行するには、自分の中の恐れを掘り下げ、その奥底にある痛みに気づくことです。まさにそれを歴史が妨げています。歴史は外に目を向ける。癒しは内に目を向けます。感情的になった時、心の奥の本当の悲しみを認めるのは苦しく、激しい表現となって表に出るでしょう。しかし、それを人と共有しながら感じていけば苦しみは静まり、美しい共鳴から光が生まれます。そうするには、ただお互いの状態を知るだけでいい。このシンプルな真実を、エモーションを煽る政治は否定し、誤用しています。政治や宗教上の信念がどうであれ、人間が求めるものは誰しも同じなのに。

心の奥の神聖なコミュニティに加われば、それがはっきりわかるでしょう。人類はまだ、歴史の大部分を感情的なリアクションとスーパーエゴに基づいて、ありのままの状態を否定し、勝たねばならない、負けてはならないと要求しています。これは、どんな成長段階にいる人にも負担や緊張をもたらします。集合的無意識の中にある分断や混乱が自分の内面にも影響するのですから、対処はさらに難しくなります。

向上すべきで、決まったやり方に従うべきだと教えられると、人は力を無くします。しかし、自分の中にあるスピリチュアルな願いに気づけるようになれば、自らの美しい人間の心を感じられるようになり、向き合えるようになるでしょう。とてもシンプルなことです。自分は今こんな状態だ、自分はこう感じている、こう考えている、これまでの人生体験をまとめるとこうだ、と真実を語ればほっとします。ただ、それだけでいいのです。あなたの内面にあった混乱は、すっと消えていくでしょう。本当の自分を否定するから混乱するのです。

完璧主義は否定とセットになっています。

本当の状態を受け入れれば謙虚になれます。謙虚とは、なんと素敵な言葉でしょうか。**謙虚とは神の計画に自分をぴたりと収めることです。実は、収める必要さえありません。すでに収まっていますから。自分のすべてを神の正確さにゆだねていればいいのです。**

あなたには素晴らしい才能があります。みな、多くの才能を人に提供できるのです。また、誰もが自分なりの苦しみや混乱を抱え、成長すべき側面もあります。ここで誤解が生まれるのでしょう。あなたが子どもだった頃、尊敬すべきリーダーたちが目の前にいたはずです。彼らは完璧で、苦労も悩みもないように見えたでしょう。

その考えは二元的です。スピリチュアルなリーダーもその他のリーダーもみな苦悩があり、変容のためのワークが必要です。誰かを完璧な人として示すと二つの問題が生まれます。まず、完璧になろうとする心が内面に起きること。次に、示されたとおりに完璧になれない自分を責めること。これではつらくなるだけです。完璧になれたら悩みはなくなるはずだ、と信じ込んでいますから、心の傷に触れるたびに自分を責めてしまいます。だから不愉快な気持ちが消えないのです。自己批判は防衛の第一段階なのだと気づけるようになりましょう。その裏側には完璧主義が隠れています。自分の弱さを認めようとしない頑固さも隠れています。優越感を求める気持ちも隠れています（それも痛みを避ける手段です）。批判の奥底には苦悩への恐れがあります。苦悩とは広い意味であり――飢えや貧困、虐待、嘲笑、仲間外れなど、あらゆる心の痛みを指しています。

世界じゅうを飛び交う弁舌には、どちらの側にも苦悩への恐れと、それを避けるためにすべきことへの先入観があります。苦しむのは自分に何かひどい落ち度があるからだと思い込んでいるのです。人生経験を積み、学びや努力を重ねた後では認めにくいことです。

戦争が意図される時には単純な流れがあります。まず不安を煽り、次に恐怖を駆り立て、激怒させ、戦いの行動が勃発します。皆さんは光を掲げる人です。多くの人々が世界じゅうで、同じように光のワークをしています。ただし、ライトワーカーだからと言って自分に火の粉がふりかからないとは思わないでください。「私は頑張ったのだから、もう苦しまなくていい」と言うのと同じです。しっかりしたリーダーにも、献身的なヒーラーにも、あらゆる種類のライトワーカーにも、みな苦悩があります。人間の状態に例外などありません。ある時に誰かが完璧に見えたとしても、その人もまた同じです。

生まれてくることは、苦悩と恐れへまっすぐ歩むことです。その課題があるから祝福されているのです。それは謙虚さへの祝福です。降伏し、ただありのままでいればじゅうぶん。ただ本来のあなたでいるだけで、あなたは栄光に輝きます。本来のあなたでいれば、集団の想念意識のエネルギーが戦争を生むからくりを見抜くことができます。

自分を知り、謙虚になり、あるがままにゆだねれば、肩の力が抜けて神の正確さに入れます。神聖なるものと永遠につながり、「自分を大切にして、神の世界との交流を始めなさい。あなたなりの意味づけでいい。生命の神秘と共に輝く意識に向けて、心の扉を開けなさい」という声を感じていられます。問題は、山奥でひっそり暮らすコミュニティを抜け出して、現代社会でもまれながら、それができるかどうかです。もちろん、たまには心の洗濯をしに田舎に出かけてもいいでしょう。でも、基本的には人々の間で暮らしてください。あなたの精神や魂を人間社会に持ち込んでください。

内面で魂が神の正確さでどう動いているかは、初めのうちはおそらく理解できません。最初はめちゃくちゃに見えるものは、実はみな、神の正確さに従っています。これは、地球上のあらゆるものに言えること。その正確さはタイミングの一致、シンクロニシティと愛と光をもたらします。

神聖な生き方をして、いるべき場所にいれば、おのずと平和と愛が展開します。不安をエスカレートさせない選択をすること。集団が無意識に抱える恐怖を後押ししない選択をすること。愛を選び、自分の中に光を感じ、光に向かって一歩ずつ進むこと。そうすれば、暗い雲は消えていくでしょう。世界じゅうのライトワーカーたちと共にそうしてください。

霊的な力をあなたの内面から開き、また、外側のスピリチュアルな世界からも浴びるように感じてください。人間がパワーと呼ぶものは、多くの場合、我を通すことへのこだわりを指しています。個人のレベルでも、少人数のグループでも、国家や宗教団体あるいはその中の派閥でも、同じことが言えます。人間は我を通そうとして行動し、個人の自由意志に反することをしてパワーを誤用しています。真のパワーとは、もっと楽なものなのに。

おわかりのとおり、それはあなたがたのエネルギー意識体系の歪みです。意志のセンターに、不自然に、かなりのエネルギーを流しているのです。

そうするように仕向ける声も多いです。でも、本当の意味でのパワーは今、皆さんが体験しています。それは、とても楽なもの。皆さんのエネルギー意識体系が整い、落ち着き、バランスがとれてクリアーになれば調和が生まれます。それによって、人生のタスクを進めていくのです。理性と意志と感情のバランスがとれていて、地に足がついた明確な目的があり、自然で楽な意図があれば、あとは自動的に物事が運びます。その時、あなたはハートチャクラの中心にある神聖な「今」にいます。それを実現するのにエネルギー意識体系はたいへん役に立ちます。しっかりと身につけてください。

人類を自滅から救うために、こんな方法もあります。一人ひとりが自らの心の中の神聖さにぴたりと意識を向け、自らの選択をしながら交流するのです。

秩序は混沌から生まれます。二元的な視点からはめちゃくちゃに見えますが、全体を見渡せる中心に意識が落ち着けば、真実がわかります——これが神の正確さなのだ、と。

人として、常に真実でいられるかが試されるのです。

人生で収拾がつかない部分は、あなたがまだ発達させていない、あなたにとっての課題です。この人生で、あなたはその部分を成長させることを選んだのです。

混乱してめちゃくちゃになっていることが人生の中にあるなら、不愉快で不満になるような生き方を変えるべきかもしれません。

混乱はどんどん悪化します。過去生で何度もした不健康な生き方から抜け出すには、今、自分で理解することが大切だからです。

手に負えない混乱状態は、ありがたいもの。あなたに真実をもたらしてくれます。

あなたが変わりたいと強く思っている部分を、その混乱がどう揺さぶっているかを見つけてください。

あなたの癖を維持するシステムが壊れかかっているのです。戦争やテロリズムの脅しを活かしてごらんなさい。自分の不健康な生き方を壊すために活かしましょう。とてもうまくいきます。争いに夢中な人がいれば、誰かがテレビの受け売りのような言葉を使って不安を煽ります。同じようにしてあなたの心にある不安を煽るものは、あなたのネガティブな習慣に直結しています。その習慣のために、あなたはずっと不満を抱えているのです。

さあ、楽で自然な意図に従い、パワフルな力を得て集まりましょう。分離のない、全体性へと向かう意図に従い、地球のあらゆるニーズを満たすために。クリアーで愛に満ちた交流をするために。創造するために。愛し愛されるために、安全を得るために。安心し、快適に、滋養を得て、身体をいたわり、コミュニティで暮らし、自由に創造し、創造が受け入れられ、認められ、相互の違いや考え方の相違を認め合い、一人ひとりが独自の望みを抱き、一人ひとりが神聖であり、一人ひとりの身体も神聖なものとして尊ばれ、やさしく触れられ愛され、自分を尊んで気遣えるように。自己批判はエネルギーを分裂させる防衛だと心得て、自分のために存在することで他者を尊重できるように。

戦争を防ぐにはこうしましょう。飢えた人に食べ物を与える。見放された人を愛する。心の奥に痛みを抱え、二元的な価値観のために迷っている人に愛を注ぎながら誤解を解く。その愛を湧き上がらせて。その愛で身体を満たして。自分も家族も満たして。地球全体に輝かせて。クリアーであるために、愛のために、真実のために、すべての国のリーダーに癒しを送りましょう。集団の無意識にある対立を癒すために、まず自分をクリアーにしてください。あなたがそうすれば、集団の無意識の中にあなたが置いているものも取り払えます。他の人々がアストラル界に置く霊的なノイズの除去に尽力してもいいでしょう。そのために生まれてきたのであり、人間だからこそできることです。

ベールを越えた輝き

亡くなった人たちはみなここにいる。
ベールの向こうに渡った人々にとって
ベールはもう存在せず、みな私たちと共にここにいる。
境界線もなく、ただ神聖さを中心に。

ベールがなければ生と死は
同じ、一つの呼吸。
ある形から
別の形に変わるだけのこと。
すべては生命。
私たちは生命、愛の翼が運ぶ光。
光と闇は溶けて透明になる。

我々は共にいる

我々はここにいる。
きみたちの世界のように
空間の枠の中には存在しない。
探さなくていい――我々はここにいるから。
きみが自分の中の真実と愛に

心を開けばわかる。
それが宇宙を渡る方法だ。

二つの世界を歩くこと

スピリチュアルな世界と物質の世界の両方を歩けば素晴らしい喜びを感じるでしょう。さまざまな側面を体験すれば、その複雑さに気づき、やがて、自分のことをはっきりさせる必要に迫られます。明晰な意識で日々が暮らせるようになるまで、自分が感じ取ったものがただの思い込みかどうかで悩むでしょう。いきなり深い疑問に直面します。まず、自分の思考や意識は明晰か、正気かどうか（「向こう側の」人々の声を聞き、姿を見て感じたら、自分が正気だと思えるでしょうか?）。次に、関係性について考えさせられ、究極的には死について考えるでしょう。

死についてどう感じ、何を信じ、死の何が怖いかを、自分が育った環境で得た価値観も含めて見直す必要に迫られます。自分の死も考えることになります。また、かけがえのない人々の死のことも。死後の世界を信じていても、それが身近に迫ればひどい恐怖と悲しみに襲われます。誰の死でも、何を信じていても、それは変わりません。それは肉体が死に抵抗するようにできているからでもあります。肉体が抵抗すれば、現世で創造した人格も抵抗します。徐々に死へ向かうかどうかにかかわらず、エリザベス・キューブラー゠ロス博士が数十年前に唱えた死の受容の段階を経ます。

深い恐怖と苦痛に対する多くの防衛機能はどんな人にも備わっています。超感覚的知覚で犯しがちなミスは、恐怖や大きな試練に対してポジティブな空想を投影することです。愛する人の死に対して深い喪失感や悲しみやショックをまったく感じない場合はそうかもしれません。癒しは深い悲しみをくぐり抜けてこそ起きます。悲しみと同時に、超感覚的知覚で故人の存在を感じることもあるでしょう。故人の方は穏やかである反面、肉体として別れてしまったことを深く悲しんでいるかもしれません。長年、多くを見てきて言えるのは、彼らは他界する少し前に近い姿です。

二つの世界を歩くことは生と死を捉え直すこと。死を恐れている限りはスピリチュアルな世界に入れません。完全なる生を生きるには、物質面とスピリチュアルな面の統合が必要です。死は偉大なる手放しです。偉大なる降伏です。防衛をやめ、今この瞬間に生きるのを拒んでいる部分を直視することが大事です。これは、そうした部分があなたの内面で小さな死を重ねていくことを意味します。それは、今、この瞬間をただ生きることです。自分の弱さを人間らしさとして受け入れ、外の大きな世界にゆだねることです。

二つの世界を歩む道は長く、深いですから、穏やかにクリアーに、静かに賢く歩めるまでに何度も転生が必要です。それは尊い道であり、ゆだねる道であり、現実に対する考えや思い込みのある部分を捨て去る道でもあります。軽々しくは扱えませんが、かろやかに歩むべき道です。気高く歩むためには、ホールネスに基づく言葉で自分自身に、また、考えが異なる人々に対して話せるかが課題となります。悲しみの中にいる人を説得する必要はありません。ただ、やさしい気遣いがあればよいのです。亡くなった人の存在を近くに感じたら、悲しみと驚きで心が乱れる場合もあるでしょう。時が経てば励みになるかもしれません。

見えない世界も大切にしながら生きるには、生体エネルギーフィールドとハラとコアスターの知識を活かしてください。超感覚的知覚で最も難しいことは常にクリアーでい続けることです。不安や恐れから空想が生まれた途端に超感覚的知覚は影響を受けて揺らぎます。両者の違いはチャクラの回転に表れます。チャクラが逆時計回りの時は空想を投影しています。時計回りなら超感覚的知覚で知覚できています。今、この瞬間に存在するということは、ハラインが整っているということ。はっきりとした目的があり、存在のコアにつながっていること。今に存在していれば超感覚的知覚はクリアーです。そうでなければ、ぼやけます。ヒーリングの時には今に存在できるでしょう。日々の暮らしでそうするのが難しいのです！　皆さん、天使と共に歩んでください。

個から関係性のヒーリングへ
誰かと深く付き合う時は
お互いが関係を維持し、
お互いに、純粋に正直でいよう。

関係の中で
きみは自分の真の心の痛みに気づき、
不安や感情的なリアクションや自己防衛との
関係に気づくだろう。

人間関係にもコアエッセンスがある。

自分を癒すと同時に
同じ手順で人間関係も癒しなさい。

グループの一人ひとりが

正直に、誠実になって癒しを続け、
それを地球全体に広がるほどの
人間関係に拡大しなさい。

みな、関係の中で癒される。
それが基本。
どこまでも広く正直になれば
さらに大人数の集団が癒せるだろう。

きみこそ次の一歩
きみの先祖、祖父や祖母は
きみに素晴らしい遺産を手渡し
きみが生まれた。
きみも、そのお返しに
関係コードを通して新たな学びを与え
新たな一歩を与える。

きみはある場所に、
きみを支えてくれる世界に生まれてくる。
それは次のステップへと進むべき世界。

その世界をきみが担う。

きみの成長は魂の歌で
きみの愛。
きみの美に、きみの歌に、
きみが一生の中で
生み出すすべての創造の中に
表れる。
これが次のステップだ。

教えと進化
内面の風景を探り、超越し——
自己を広げて変容し——
残ったものを転換させる
変化のプロセスは
魂の成長につきもので、
どんな目覚めの道においても起きる。

ここで説いていることは
今、この時、今世紀に

ここにいる人たちのために
教える枠組みの一つというだけのこと。

人類の進化の段階もまた
目覚めのプロセスだから、
堅苦しい伝統から自由になって
前よりさらに進化する。

一歩進むたびに手放し、伝統を断ち切り
自分の内面にある神聖さに従い
きみが自分で受け継いだものと
取り換えなさい。

前の世代に役立った古い伝統は
もう必要ない。
どの世代も
真実へと新たな一歩を踏み出すたびに
前の世代のすべてを解き放つ。

世界を癒すリーダーシップの条件

地球に深く根ざすほど、あなたは個人としての使命や目的と調和し、人類全体の使命や目的ともつながります。人類の進化の共通目的のために、すべてのハラインが地球の中心で出会います。それが魂の目覚めと何ら変わりがないことは、おわかりでしょう。それらは切っても切れず、常に一つだったのです。

一人ひとりが避雷針のように、文化や国を守っています。国どうしの摩擦を解決し、地球を癒す存在です。だとすれば、あなたが属する文化やコミュニティや国や地域に特有のものは、あなたのエネルギー意識にあるでしょうか。二元的な形でも結合的な形でも、あなたの中にその刻印があるはずです。それはあなたの存在全体に浸透し、分離など起きたことがなく、時間も存在せず、あなたは神聖なものと一体だと知りながら、今という素晴らしい瞬間に存在しています。

世界の癒しを個人の視点と目覚めの視点から見ていきましょう。後者は神聖なるものとの結合です。あなたが尊い願いに導かれて目覚める道は、人類の進化でもあるのです。あなたの願いの中に人類への贈り物があり、あなた個人にとってはリーダーシップがあります。

このリーダーシップについてお話ししましょう。家族の中でのあなたは何者？　実家での、また、独立して築いた家庭でのあなたの役割は？　コミュニティでの役割は？　その役割は、あなたが現世で生まれた時に担ったものです。コミュニティでの役割は、家族構成の中での役割を表しています。社会でのリーダーシップを家族構成の中で練習していると言ってもいいでしょう。

家庭での役割にしっかりと取り組めば、その役割はもっと大きなコミュニティへと広がるでしょう。影響力が広い範囲に及ぶのです。それをどこまで広げるかはあなた次第。誰もがその人なりのあり方でリーダーです。家族からコミュニティへ、国へ、世界へと広げることも可能です。

まず大切なのは、リーダーとは従う人でもある、ということ。たとえ小さな場であってもそこでリーダーになる前には、その場その場のリーダーに従い、サポートをする能力が必要です。あなたが将来自分でリーダーシップを発揮したい分野では、特にこれが大事です。サポートをするとは、あなたのエネルギーや叡智を提供することです。その体験を通して、あなたは自分が権威に対してどんな問題を抱えているかがわかるのです。

権威と聞いて、どんな不安を感じますか？　その不安を掘り下げれば、あなたが育った環境や今の環境にある、リーダーシップの誤った捉え方に気づくでしょう。自分の誤解のために不安が生まれているのです。あなたがリーダーになる時に、自分の誤解と向き合い、解決していかねばなりません。

では、子どもの頃にリーダーシップはどう誤用されていましたか？　それはあなたのリーダーシップにどう影響していますか？　見たことがない種類のリーダーシップもあるでしょう。思い込みや先入観のせいで、あなたも無意識に同じパターンに陥っているかもしれません。

あなたが培っているリーダーシップにはどんな特色がありますか？　自分ならではの味を見つけて育てることは、とても大切です。落ち着きがあり、やさしいリーダー。物事をよりよくしようと耳を傾けるリーダー。完璧な人などいません。何をしても間違いというものはなく、ただ、進化とはそういうものなのです。肉体や性格に欠点があるのは学びの過程にいるからです。不完全さは誕生の過程に備わる大切な部分です。生まれてくることを選ぶ時には学び終えた部分を卒業し、まだ学びの途中にある部分に焦点を当てるため、不完全さが目につくのです。しかし、すべてを見渡す視点もまたあなたであり、完璧です。生まれてきたあなたもまた、完璧でないことも含めて完璧です。不完全さが学びをもたらし、創造の余地をくれるのですから。

あなたが創造した喜びも悲しみも、成功も、まだ成功に至っていないものも、宇宙はあなたに投げ返してくれます。これがリーダーシップの鍵です。あなたがパワフルな創造力に従い、フィールドの高次のレベルを通して実現へと向かえているかは宇宙の反応でわかります。
リーダーに従う時も、あなたが人々のリーダーになる時も自分に正直になり、深い自己変容のプロセスを経ることが必要。そして、もちろん、誰もが平等。みんながリーダーで、フォロワーです。人として平等です。一人ひとりの魂は尊いものです。その魂は神聖で豊かで穏やかな宇宙の中に、そっと、やさしく抱かれています。あなたの存在は神聖さの上になりたっています。神聖さに貫かれているのです。具現化の如何(いかん)にかかわらず、宇宙は神聖さに満ちています。世界の癒しは、そこから始まるのです。

地球を覆う輝き
地球上の境界線はすべて消える。
地球上のすべての人も
あらゆる大陸と国々の人々も
一人ひとりがみな神聖な子。

すべての民族や国々を
一人の人と捉えてごらんなさい。
生まれて生きて、関わり合い、
変容し、超越し、変貌し、
死んでまた生まれる人として。

四本の足で歩む生き物も

海や空の生き物も
植物も、動物も
水晶や地球や他の惑星も
神聖なる今、ここに
豊かな多様性の宇宙に共存する。

この神聖なる今、ここで
百万分の一秒ごとに
常に、たゆまず創造し、
あらゆるものが生命のコミュニティの中にいる。

結合のための瞑想

ここに存在するという意図に従って。身体の中心で美しい光のロープが上下するのを感じて。そっと、やさしくハートの中心を感じて。ハートの真ん中を意識してください。あなたの光は全方向に広がります。意識は愛あるハートの真ん中に置き続けましょう。輝く光はあなたに注ぎ、一つひとつの細胞へと下り、明るい光と崇高な意識へ高めてくれます。あなたの内側に愛のウェーブが通り抜け、宇宙に広がるのを感じましょう。

ハートとコアスターが合わさると、あなたは古代の叡智を運ぶ神聖な球体であることがわかります。古代の叡智はあなたの光の球体の中で輝きます。あなたのＤＮＡから、あなた自身の古代の記憶から、ここで、今、この神聖な交流の、関係の、愛の瞬間に、あなたの意識に解き放たれます。

その愛のウェーブを地球上のあなたの国へ、ふるさとへ、送ってください。まず、あなたが知っている場所から始めて、生命と光と愛と尊厳で地球を包む力になってください。

地球の中心から輝きが放たれると女神が現れます。女神がもたらすのは生命の恵み、物質界の恵み、あなたの神聖な肉体の恵み、意識をもつ幾多の存在たちの恵み、ハートや愛や人間性の恵み、愛の居場所であるあなたの肉体の恵み。あらゆるものを分け隔てなく溶け合わせ、天界と肉体とを溶け合わせてください。

亡くなったように見える人々はみな私たちと共にいます。ベールの向こうへ渡った人々にはもうベールはありません。境界線はなく、神聖さを中心に、すべては今、共にあると知っています。

地球上の境界線が消えます。光と闇は融合して透明になります。一人ひとりが神聖な子どもです。

地球上のすべての人々を招き入れましょう。あらゆる人を。世界じゅうのすべての国の民族は——生まれて生き、関わり合い、変容し、超越し、変貌し、死んで、生まれる一つの人類です。

誕生と死はベールで隔てられてはいない、一つの呼吸。ただ一つの形から別の形に変貌するだけ。すべては生命。私たちは生命、愛の翼に乗った光、他の生物たちと共に地球にあり、水晶や植物や動物たちと共にあり、他の惑星の海や空の存在たちとも共にあります。めくるめく多様性に満ちた愛の宇宙は創造を通して変化します。百万分の一秒ごとに、この神聖なる愛の今、ここで。私たちはみな、大きな生命のコミュニティの中にいます。愛あるやさしさと光の中に。

あなたの輝きを放って。肌からコアクオリティを輝かせて。その輝きを愛する人たちに送って。あらゆる方向へと広げて。あなたの輝きと愛が必要な人々に、地球のすべての人々に送って。飢えや苦しみ、死や暴力を体験している人の苦悩や悲しみは、ここにある輝きと無条件の愛へと上昇します。この地球の隅々まで広げて。あなたのハートにある言葉の力で話して。あなたの言葉で神の名を言い、心に保っていてください。

さあ、出ておいで。
その美しい自分を表に出して、
きみらしく創造をして
輝きへと飛翔しよう。

さあ、自由になる時だ。

第19章の復習　ヘヨアンの結合のコンセプト

1. 心が惹かれる考え方をめぐり、瞑想してください。
2. 感じたことを書き留めてもよいでしょう。

付録　生体エネルギーフィールドと超感覚的知覚についての調査

好奇心に従いなさい。
それが最高の学びのツールの一つなのだから。
——ヘヨアン

長年の間に私が超感覚的知覚（ＨＳＰ）による生体エネルギーフィールド（ＨＥＦ）の観察を計測した体験をいくつかご紹介します。素晴らしい人々と共に、本当に楽しい体験でした。どれも貴重な学びとなりました。

ＨＥＦを暗室で測定する

私は再び科学の分野に入り、センター・フォー・ザ・リビング・フォース（ＣＬＦ）のエネルギー研究グループの長になりました。このグループは休眠期間があり、中途で止まっていた実験もありました。リチャード（ディック）・ドブリン博士とジョン・ピエラコス博士と私は実験を再開し、ＣＬＦの建物の一棟の地下に暗室を新設しました。そこで使用したのは四百ナノメートルまでの紫外線を測定する光電子増倍管です。また、ディックと私は、私がＣＬＦに入る前に集めたデータを調べ、新たな実験結果に含めました。

ディックとジョンと共におこなった新しい実験では、以前の方法に従い、被験者に衣服をすべて脱いでもらい、発光するものがまったくない状態で測定をしました。被験者は光電子増倍管から三十五センチメートルほどの位置に立ち、自分のフィールドのエネルギーを活性化させます。信号対雑音比が非常に低いため、六十秒間のシグナルの合計値を記録しました。光電子増倍管の外殻を冷却した状態で、被験者がＨＥＦのエネルギーを上げる試みをすると、ほとんどのケースで数値が十五パーセント増加しました。数人の被験者は増倍管の数値を百パーセント以上上昇させました。その中でも、被験者ジョン・Ｆはただ暗室に入って来るだけでシグナルを十五パーセント上昇させました。彼がエネルギーを上げた時には常に百パーセント以上の最大上昇率を出しました。[16]

エネルギーが強い被験者は暗室から出た後もシグナルが完全には消えないという、驚くべき現象が何度もありました。シグナルが完全に消失するまでに十五分から二十分程度を要しました。この「残存効果」は他にも認められており、被験者がある種のエネルギーを室内に残留させるのではないかと見られています。

三人の被験者は室外にいる状態で光電子増倍管の出力数値を上昇させました。彼らは自分のエネルギーを暗室に投影したと述べています。

数値を増加させようとしたにもかかわらず、暗室内でシグナルが減少した被験者も数名いました。その中の一人は暗室内にいた時にいらだち、気を高ぶらせていました。この女性は実験の前後に出会う人々から「エネルギーを吸い取っている」印象を受けたと実験担当者らは述べています。心理的な印象が物理的なデータと類似しているように見受けられました。

エネルギーフィールドの強さと精神／身体の状態には相関関係があるようでした。たとえば、被験者が考えごとをしているとシグナルは減少し、瞑想中は増加しました。

翌年ボストンで開催された電気電子技術者協会（ＩＥＥＥ）エレクトロ78のカンファレンスで、ディックと私はオーラの紫外線暗室測定と、私の超感覚的知覚による生体エネルギーフィールドの観察を含む「オーラの謎を解く」と題した論文を発表しました。

暗室実験で私が学んだことは次のとおりです。

1．光電子増倍管でHEFを測定するのはきわめて困難です。HEFが強くなるほど周波数帯域が高くなるためでしょう。現在は、よりよい測定機器があるはずです。

2．測定は困難でしたが、多くの身体エネルギーを発する人が明るいエネルギー出力をする現象、他人からエネルギーを吸い取ろうとする人のエネルギー現象、人が退出して無人になった室内に何かが残留する現象が、超感覚的知覚によるHEFの観察を裏づけました。

3．光電子増倍管に何らかの反応をさせる人が非常に多いことから、誰もがHEFの現象をもっているという超感覚的知覚の観察の裏づけができました。

4．もう一つ、実験室が必要です！

霊能者のサイ（Psi）エネルギーが植物に与える影響の観察

私はIEEEで出会った科学者たちに招かれ、フィラデルフィアのドレクセル大学でも測定と観察をしました。そこでもオーラの実験をおこない、よい結果が出るようにと期待していました。

16　Barbara Brennan, Richard Doblin : *Historical Indications of the Existence and Function of the Human Energy Field*（New York Institute for the New Age, 1978）, Barbara Brennan, John Pierrakos : *Instrumental Measurements of the Human Energy Field*（New York Institute for the New Age, 1978）.

当時、ドレクセル大学ではいくつかの実験が進行中でした。その一つが人間の精神に対する植物の反応をポリグラフで測定する実験です。ポリグラフの出力はレコーダーに送信されます。依頼を受けた霊能者ユージーン・コンドルは一分間おきに植物に意識を向け、ポリグラフの出力値を変化させるよう念じていました。その様子を私は超感覚的知覚で見てみました。彼は時計を手に持ち、タイミングを計ります。一分おきに彼の額にある第三の目から細くて白い光線が出るのが見えて、面白かったです。時間にとても正確でした。彼は何時間も座り、毎分きっかりに光線を出し続けていました。このように正確な能力を発揮する人を見たのは初めてです。彼が光線を出すたびに植物のオーラは瞬時に光り、また「普通の」エネルギーの流れに戻りました。

私が霊能者ユージーン・コンドルを観察して確認できたことは次のとおりです。

1．第三の目から白いレーザーのような光が発射されるのを私が見たのは、おそらく、これが初めてでした。
2．時間を定めて白いレーザーのような閃光を第三の目から放出することは可能です。
3．第三の目から発射された白い閃光は植物のオーラに影響を与え、ポリグラフの数値にもその影響が反映されます。

HEFのレーザー光線の出力の測定

ドレクセル大学での別の実験で、ある困難に遭遇しているものがありました。科学者たちと霊能者とのコミュニケーションを図るために私も参加することになりました。デューク大学のジョゼフ・バンクス・ライン博士の数々の実験（麻酔で眠らせたネズミを覚醒させるなど）に協力した有名な霊能者カレン・ゲッツラーと物理学者たちとの話し合いが困難だったのです。被験者がレーザー光線を曲げるかどうかの実験だったのですが、カレンが暗室に入った途端にレーザーが影響を受けました。目を疑った物理学者たちは変更を加えましたが、また同じ。そこで、また変更がなされました。つまり、学者たちは彼女が実験に成功するたびに暗室に入って設定を変えたのです。彼らの猜疑心のエネルギーには、レーザー出力値が変わるわけがないという期待が含まれていました。彼らがそのような状態で暗室に入るたびに場のエネルギーが変わり、実験結果も変わってしまうことを、みな理解していなかったのです。カレンは彼らの「数値が変わるわけがない」というエネルギーを暗室からまず取り払い、レーザーの強度の測定値を変えていました。彼らの猜疑心のエネルギーのために、カレンは余分な作業を強いられていたのです。学者たちが疑えば疑うほど、カレンの負担は重くなりました。

私が訪れた時には、すでに怒っていたカレンが実験への協力をやめたがっていました。学者たちは、誰も暗室に入っていないと言って嘘をつくのだそうです。彼女は霊能者ですから、嘘に気づきます。それを証明するために、彼女はドアにテープを貼りました。休憩から戻るとテープは剝がれてドアの枠にぶら下がっていたそうです。しかし、学者たちは暗室には入らなかったと主張しました。

そこで私が仲裁に入り、実験を進めてもらいました。私はカレンと一緒に暗室に入りました。ポジティブな愛のエネルギーをレーザーに送り、光線を曲げて、出力の測定値が下がるようにと意図を立てました。これはうまくいきました。測定値は変化したのです。私たちがエネルギーを送るほど、レーザー光線の測定値はだんだん暗くなっていきました。

ここで疑問となるのは、何が変化していたか、ということです。実験はレーザーが発射する光量の測定です。レーザーはしっかりと梁に固定されて動かないようになっています。レーザーの光は暗室から送り出されてスリットを通り、光電子増倍管に入って光の強度が測定されます。ここで測定値に変化が認められれば、レーザーから発射された光が曲げられたか、弱められたことになります。データはグラフ化されました。暗室の中は赤外線カメラで録画されており、誰かがレーザーに触れれば記録されます。カレンと私がポジティブな意図とエネルギーを送って室内のレーザー光線を曲げようとすると、光電子増倍管の測定値は低下しました。学者たちはマイクを通して結果を知らせてくれました。測定値は着々と低くなっていきました。

すると、学者たちは私たちに、測定値を上げてから下げてくれ、と言いました。私たちは少し練習をしてから、自分たちのエネルギーをレーザーから振り戻してはまた送り、それを成功させました。レーザーに触れてはいません。これはうまくいき、私たちはいつ計測値が上がったり下がったりするかがわかるようになりました。

最初のうちはエネルギーを送って「今です、今!」といった言い方で計測値が明るくなるタイミングを伝えていました。

ポジティブなエネルギーをレーザーに送るたびに私たちは高揚し、スピリチュアルな恍惚感が増していきます。

私たちは今ですと言わずに「はい、はい!」と言い始めました。

はいと言う声はますます大きくなり「ラブ、ラブ!」という愛の言葉に変わりました。

愛という声は「ゴッド、ゴッド!」という叫びになりました。

ふと、ここはドレクセル大学の物理学研究室だったわよね、と我に返りました。

忘れられない経験です。

思い返せば、私たちはレーザーにエネルギーを送ったり送らなかったりしていました。また、前後に揺れるようにしていたので、HEFのいくつかのレベルをレーザーにコンタクトさせたりさせなかったりしていました。近くに寄るとレーザーは私たちの第四レベルに入りました。身体を揺らして遠ざかると、私たちの第六レベルと第七レベルに入りました。

物理学者の立場で言うと、光電子増倍管で計測した光の強度を何が変えたかは実際のところ、わかりません。光はまずレーザーから出ました。それがスリットを通り、光の強さ（明るさ）の検知器に入ったわけです。変化を起こす要因はいくつもありそうでした。私たちがレーザー光線を曲げたのか、それとも、レーザー本体の別のパーツに影響を与えたのか。あるいは、レーザー内部のクリスタルに影響を与えたのかもしれません。材質の金属などに影響を与えたために本体が歪み、光線がスリットを通過したのか。あるいは、レーザーの機器全体に意識を向けていました。それを構成する部品はたくさんあります。

光線は私たちが理解していない現象によって減衰したのかもしれません。減衰したのはレーザーなどではなく、実験で使っていた他の装置が影響を受けた可能性もあります。ただ、私たちは他の装置に意識を向けていませんでしたから、常識では考えられないことです。レーザーは頑丈に固定され、精密な震度計が付いていましたから、それが動いたのでないことは確かです。もちろん、私たちはレーザーに触れてもいません。学者たちも、カメラでずっと私たちを見ていましたから、それはわかるでしょう。レーザーが物理的に動いたわけではないと全員が確信しています。

レーザーの実験で私が学んだことは次のとおりです。

1. ヒーラーと科学者とでは、思考や行動に大きなギャップがあります。双方の違いを受け入れ、つなぐことが必要です。また、感覚が鋭い人々が目に見えない世界をどう扱うかに共通理解を示し、明快な調査基準を設ける必要もあります。

2. 感覚が鋭い人々が科学の用語を使い、科学的に明らかになっていない現象を説明しようとするのも問題の一端です。これは科学者とのコミュニケーションにとって最悪と言えます。科学者たちは相当の力を費やし、科学に基づく検証を重ねて研究や定義や確認をしています。

3. 一方、科学者の中でも感覚が鋭くない人たちは特に、実験のしかたや自らのHEFの状態に無頓着な状態で、実験についての思い込みを抱きます。ドレクセル大学の科学者たちは自分のエネルギーが実験に影響を与えているとは知りませんでした。

4. 超感覚的知覚の主要なツールの一つはその人が生まれ持っている好奇心です。人は好奇心に従い、自分が得た知識と目の前の情報とをごく自然に比較します。これはよい科学であり、科学的な調査を進める上でとてもよいと私は思います。「疑いの目で見る」こととは大きな違いがあります。科学の歴史には、常識を覆すような新しい理論の提唱者が他の科学者たちに嘲笑された例が多くあります。新しい理論の正当性が受け入れられるまで、ただ「保守派」が消えるまで待たねばならないこともたくさんあります。

5. カレン・ゲッツラーの両手と身体からはクリアーなエネルギーが出ていました。彼女の周囲のエネルギーよりも、ずっと濃いものでした。

6. カレンはチャクラからも自在にエネルギーを放出する能力がありました（これは特殊なテクニックですから真似しないでください。フィールドや肉体にエネルギーを取り入れるために［身体の外側から見て］時計回りに回転する渦ではなく、チャクラの中心を使います）。

国連ビルでＨＥＦをビデオ撮影

次の調査はＨＥＦをビデオカメラで撮影し、ビデオテープに記録する試みでした。私たちは国連超心理学クラブの協力を得ました。私有のスタジオを使い、国連のテレビ技師の人たちにお願いして、ＨＥＦに関連するシグナルの録画に成功しました。白黒のテレビカメラのシグナルをカラー化し、カラーのビデオモニターで表示して録画する方法です。この実験で用いた「カラー化」とは、白黒テレビのシグナルを二十二段階のグレーの濃淡に分け、各段階に異なる色をつけたものです。肉眼よりも識別能力が高いため、肉眼では見えない微妙な違いがテレビモニターで映ることを期待していました。ミディアムブルーの背景で「カラー化」を適切な設定にすると、テレビモニターに映る人体の周囲に薄く脈動するフィールドが見えました。チャクラの位置にも漏斗の形の形状がいくつか見えました。

測定中に少し動きを加えてみました。人物が両手の指を合わせてからゆっくりと離すと、指と指との間をつなぐエネルギーフィールドの線が見えました。これは被験者すべてについて、合わせた両手を離す角度にかかわらず、表示されました。

実験の間、ジョン・ピエラコス博士と私は超感覚的知覚でＨＥＦを観察し、見えたものをビデオカメラに向かって話し、映像として記録しました。この時、テレビモニターは見ていません。後でビデオテープを見て、カメラが録画したものとを比較しました。モニターでの表示よりも、超感覚的知覚で見たものの方が、ＨＥＦの活動を三倍多く、また、正しい色を認識していました。機械的に表示した色はＨＥＦの色にあまり合っていなかったということです。当時、私は少なくとも、フィールドのいくつかのレベルと色を見ることができました。一九七〇年代末以降、私の超感覚的知覚のビジョンはかなり向上しました。
私たちにとって、これらの実験はＨＥＦの存在を明らかに示すものであり、実験をおこなった団体もまた、私たちが超感覚的知覚で見るものに同意しています。光電子増倍管でも少量のＨＥＦが記録されました。さらに実験を重ねたかったのですが、これ以上は断念しました。これらの実験から少し後に、ディックと妻はオランダに移住し、ジョンと私はパスワークで多忙となり、時間がなくなってしまいました。

ＨＥＦをビデオ撮影してわかったことは次のとおりです。

1．簡素な白黒のソニーのビデオカメラでもＨＥＦの低いレベルのエネルギーがある程度は感知されます。
2．カラー化（衛星データの画像処理に広く使われている技術）をすればＨＥＦのいろいろなレベルが見やすくなります。
3．カラー化による色づけはグレーの濃淡を使うため、実際のＨＥＦの色とは異なります。
4．当時の機材が感知できたのは、当時の私に見えたものの、おそらく十分の一程度でしょう。後に私が見える能力が大きく向上したことに比べると、さらに微量になります。機材では広い範囲に表示されたグレーの濃淡を色づけするのみですが、優れた超感覚的知覚をもつ人なら完全な範囲で――マクロからミクロまで――詳細が見えるはずです。フィールドの構造体レベルの線状のエネルギーの細かいところや細胞の中、またＤＮＡもある程度は見えるでしょう。

AMIを使ったブレナンヒーリングサイエンスの小実験

カリフォルニアにいる友人のマイケルを訪問中、本山博博士が設立したカリフォルニア人間科学大学院に立ち寄り、ブレナンヒーリングサイエンスを本山博士のＡＭＩ（本山式経絡臓器機能測定器）で試しました。測定はヒーリングの前後でおこないました。ガエタン・シュヴァリエ博士がマイケルの指先に電極を取り付けました。まず、私がマイケルにヒーリングをおこなう前に測定し、十五分間マイケルのHEFのバランスとチャージをおこなった後で再び測定をしました。二度目の測定をしたシュヴァリエ博士は短時間のヒーリング後でマイケルのフィールドのチャージとバランスが大きく向上したことに驚いているようでした。ＡＭＩの測定結果は円型で表示されます。バランスが向上して円が大きくなるほど経絡が強く、ＨＥＦは健康的であり、エネルギー状態も健康に近づきます。前後の測定結果の比較は容易でした。最初の円は小さく、歪んでいます。二番目の円はそれよりもかなり大きく、バランスがとれていました。一般的には直径が大きく円のバランスがよいほどエネルギー状態は健康です。ＡＭＩの仕組みについては本山博士の著書『東洋医学　気の流れの測定・診断と治療』（宗教心理出版）に記されています。

ブレナンヒーリングサイエンス／AMIの小実験で次のことがわかりました。

1．私がHEFのラインにはたらきかける一方、AMIは経絡を測定するため、鍼灸（しんきゅう）の経絡はより大きな捉え方だとわかりました。測定器がすぐに明確な反応を示したことから、HEFが光の線であるのに比べると、経絡は光の川のようだと言えます。

2. シンプルなヒーリングテクニックでも生体のエネルギーは迅速に向上します。
3. ヒーリングの前と最中と後で私がHEFの何を見て、何をしたかが確認できました。

マルセル・ヴォーゲルによる水晶へのエネルギーチャージ

サンディエゴに滞在中はマルセル・ヴォーゲル氏にも会うことができました。当時、私は彼がどのような人かを知りませんでしたが、出版社バンタムが訪問を企画してくれたのです。マルセルを訪ねると、コーヒーテーブルの上に水が入ったグラスが二つ置いてありました。彼は私に、二つの違いがわかるかと尋ねました。片方のグラスの水は水素の結合が「開いて」いるのがすぐにわかりました。彼は原子間の結合の角度を広げたのでしょう。水の表面張力が弱くなっていました。私の答えに彼は喜びました。そして、瓶詰めされてから日が浅い赤ワインを熟成させる方法を見せてくれました。特別にカットしてプログラムを施した水晶に銅製のチューブを巻き付け、ワインを流し込むだけです。彼は水晶を両手で持ちました。尖った方の先端に左手を添え、丸みのある方の端を右手で持っています。彼の両手は触れ合っていません。そして、意識を集中させ、意図を設定し、深く呼吸をすると、口を閉じて鼻から息を吐きました。それと同時に、彼は第三の目（第六チャクラ）から細くて白い閃光を水晶に当てました。水晶のエーテル体のフィールドに重なる幾何学的なプログラムが見えました。

マルセル・ヴォーゲルを観察して学んだことは次のとおりです。

1. マルセルは水晶を持ち、両手の間で双極子のチャージをおこなっていました。
2. マルセルは第三の目から、ユージーン・コンドルが放っていたのと同じタイプのレーザーのような光線を水晶に向けて出していました。

3. マルセルは軟口蓋から鼻へと抜ける「呼気」を鋭く出していました。口腔内の上部を呼気で摩擦させるような呼吸法は『光の手』でも紹介しており、また、ヨガの「炎の呼吸」と同じですが、彼は一度だけ深く吐きました。この呼吸で第三の目が活性化し、垂直のエネルギーの流れ（VPC）から第三の目へとエネルギーを上昇させるのに役立っています。

4. マルセルはこの呼吸で第三の目の中心をチャージし、チャージしたエネルギーを「呼気」によって放出していました。

5. マルセルは水晶をさまざまな目的でチャージできました。水やワインに影響を与えて変化させるのです。彼はヒーリングのために他の物体にもエネルギーを宿らせることができるでしょう。

6. マルセルは水素の結合と表面張力を変えるところを実演しませんでしたが、チャージした水晶に巻いた銅製のチューブを通らせたのだと言っていました。

7. 彼はチャージした水晶に巻き付けた銅製のチューブに水を通して飲み物を作ってくれました。非常においしかったです。

8. 彼は水晶の周囲の銅製のチューブにワインを通し、完璧に熟成させたと言いました。私を案内してくれた人がそのワインを飲みましたが、おいしかったそうです。

空手黒帯のラビの観察

『光の手』のPRで各地を回っていた時に、出版社バンタムがユダヤ教のラビを紹介してくれました。聖職者であり、空手の有段者でもある人です。とても面白い出会いでした。まず、ラビは祈禱用の装束で、祈りの言葉を唱えました。この儀式の間、彼のＨＥＦは強さを増して輝き、独特の色（ピーチとターコイズ）をした流れが二筋、脊椎を巻き上がるのが見えました。これはクンダリーニのイダとピンガラが脊椎を上昇するのと似ていましたが、色がやや異なりました。イダは赤色、ピンガラは青色です。

次にラビはソフトタッチと呼ぶものを披露してくれました。軽量コンクリートブロックを地面に二つ置き、その上にまたブロックを二つ重ねて載せました。そして、一番上のブロックに小さな布製の敷物を置きました。彼は後ろに下がって意識を集中させると、空手の気合いの声を出しました。しかし、彼は動きません。私が超感覚的知覚で見たところ、彼は気合いの時に丹田から第三の目にエネルギーを上げ、次の動きをするまで明るく白い光を保ちました。彼は私に、よく見ておくように言いました。そして右腕をそっと上げ、ブロックの中央をめがけて波を描くようにしてゆっくりと、ソフトに下ろしました。かすかに触れるか触れないかのところで再び波のような動きで手を上げ、元の高い位置に戻しました。彼が腕を下ろしてブロックに触れた時、私にはクリアーなエネルギーの波が縦方向に、彼の腕の中のハラインの中心のチューブを下り、右手のチャクラの中心から放たれ、重ねて置かれた二つのブロックの真ん中に下りていくのが見えました。エネルギーの先端はそこから全方向に、強い力で広がりました。ブロックが内部から割れて床に落ちたのは、彼が手を元の位置に戻した後でした！

「まあ！　すごいわ！」と私は驚きの声を上げました。

ラビの空手を観察してわかったことは次のとおりです。

1．ラビのハラのチューブを通り抜けた「エネルギー」は、まとまった縦方向の、強い圧縮波のように見えました。透明でしたが密度が濃いものです。
2．その「エネルギー」は高い集中力による意図によって向けられます。

3．エネルギーは腕から二つのブロックの真ん中に向けられているだけでなく、意図によって一つの小さな場に集中しています。
4．ラビが「エネルギー」を全方向に広げる意図を立てたのか、それとも自然にそうなったのかはわかりません。
5．この種類のサイエネルギーは物体に対してたいへんパワフルな影響力があります。

フィリピンの心霊手術師の観察

私が初めて観察した心霊手術師はフィリピンのバギオ市出身のプラシドです。私はクライアントのベッツィー（仮名）と共に彼を訪ねました。ベッツィーは乳癌を患い、癌細胞は肝臓に転移していました。彼女はプラシドに予約を取り、私が見学できるよう計らってくれたのです。プラシドは難色を示しましたが、同意してくれました。彼は半袖の衣服を着ており、ポケットはありません。ベッツィーを手術台に横たわらせると、彼は私に手術台の向かい側に立って見るように言いました。そうすればよく見えるだろう、というわけです。彼は手術を始める前に両手を上げ、手のひらと手の甲を私に見せて、何も隠し持っていないことを示しました。そしてさらに手を高く上げ、指先から下へと下ろしました。指先はベッツィーの腹部の中に五センチメートルほど入りました。超感覚的知覚で見ると、両手の指はベッツィーの肝臓の中に二センチメートルほど入っています。癌がある場所だと私が知覚できるエリアにぎりぎり届くかどうかといったところです。

届かないところにある癌をどうやって取り出すのかしら、と私は思いました。

驚いたことに、彼は指先から強い吸引力があるエネルギーを出し、体内の腫瘍組織を吸い出し始めました。私は仰天して立ち尽くしました。彼は私を見上げ、表皮と同じ高さに目線を合わせて見るよう手招きしました。私は集中してそこを見ました。彼は指先を広げて直径七～八センチメートルほどの円にしました。指先は皮膚の上にあり、もう吸引のエネルギーは出ていません。「では、見て！」と彼は言いました。

組織のように見える（癌化した組織かどうかは不明です）、暗い赤色をして悪臭を放つものがベッツィーの皮膚の三センチメートルほど上に現れました。直径一センチメートルほどのサイズです。プラシドはその臭い物体を指でつかみ、用意してあったボウルの中の水に入れました。組織が身体の中から出てくるまで、室内には臭いがありませんでした。

その後、ベッツィーはぐったりと疲れ果てていました。私が見ると、プラシドが手術をした部分のHEFには穴が空いていました。私はフィールドの構造体レベルの修復の技術を身につけていたので、穴を縫合しておきました。

また別の機会では、ヨーロッパにワークショップをしに行った時に、現地でミカエラという名の心霊手術師が私と同じ方向性で、少し進んだ施術をしていることに気づきました。ワークショップの参加者の多くが前の週に彼女から心霊手術を受けていました。私が見ると、彼らのHEFで彼女が施術をした部分には穴や破れがありました。私はそれらをみな縫合しました。

その後、ロンドンで大規模なカンファレンスがあり、フィリピンの心霊手術師が実演をするために多数招待されて来ていました。報道記者もたくさんいました。心霊手術師は一人ひとり、手や指を患者の体内に入れ、赤黒くて悪臭がする、病変がある部分を吸引して取り出していました。ほとんどがプラシドと大変似たテクニックを使っています（赤黒くて臭い物体を検査したところ、人体の組織ではなかったという噂です）。ただ、肝臓から取り出した部分は他の筋肉や靭帯などの部分よりもはるかに悪臭が強いと私は感じました。

尼僧でもある女性心霊手術師が肺癌の男性患者への施術を実演していました。彼女は多くのテレビカメラや照明に囲まれて、やりづらそうでした。電気を使う機材や猜疑心のある取材陣に囲まれるとヒーリングエネルギーの調整は難しくなります。彼女は何度も患者の咽頭の隙間に自分の人差し指をできるだけ深く入れて癌を吸い出そうとしていました。しかし、周囲の干渉があまりに多くてうまくいきません。彼女が指を引き抜くたびに、ワインの栓を開ける時のようなポンという音がしました。患者はその音に不快感を示しました。とうとう彼女は施術を中止し、翌日、報道陣がいない場所でやり直すことにしました。

別のヒーラーは同じテクニックを違うやり方で使っていました。彼は指先から強くて細い光線を放って皮膚を小さく切開しました。患者の身体にはまったく触れていません。彼は一セント銅貨を切除部分に乗せ、アルコール綿を銅貨の上に置きました。そしてマッチで火を点けました。綿が燃え始めると、彼は小さなショットグラスをかぶせました。そうしてグラスの中に真空状態を作り出し、体内にあるものを吸い出します。しかも、別の人の了解を得て、その人の指を使って皮膚を切開する光線を出しました。しばらく見た後で私は自分の人差し指を使ってもらいました。彼は親指と、他の二本の指で私の人差し指をつかみました。そして、私の腕全体のエネルギーを吸い取り、つかんでいる指のところに凝縮して集めました。それから細い光線を私の指先から出して患者の皮膚を切開しました。その後、しばらくの間、私の腕は痛かったです。二度目は断りました。心霊手術の効果についてはわかりません。

フィリピンの心霊手術師を観察してわかったことは次のとおりです。

1．テクニックはかなり異なって見えるとしても、すべての心霊手術師が指先から患者の体内にレーザーのような縦のウェーブを入れ、残留物を吸い出していました。
2. 多くの心霊手術師は複数の精霊のガイドと共に施術をしているのが見えました。
3. 心霊手術師はクライアントのエネルギーを消耗します。
4. 心霊手術師は確かにクライアントの体内から何かを取り出します。
5. 心霊手術師の施術はクライアントのHEFに破れや穴を残します。

ヴァレリー・ハント博士との面会

『光の手』を出版した後の一九九二年頃にヴァレリー・ハント博士から電話がありました。研究調査のためにに「全米で最も優秀なヒーラーたち」にインタビューをしているとのことでした。私はとても嬉しかったです。博士がロザリン・ブリエールとエミリー・コンラッドと共におこなったロルフ研究は有名で、私も聞き知っていたのです。私は博士と面識がなかったので、現世の前にあったつながりを見てみようと思い、何度か瞑想をして過去生をリーディングしました。受け取った情報はとても興味深いものでした。まるで映画のように過去生が見えました。

最初のシーンはアトランティスです。宇宙の秘密を守る人々の大きな集団があり、ヴァレリーはその長でした。彼女は大きな白い襟が付いたえび茶色のローブを着て、五隻の船が出航するための儀式をしています。アトランティスは滅亡するため、私の仕事は二隻の船で秘密の知識をエジプトに運ぶことです。他の三隻は物資の保護と運搬をします。私は自分と他の人々が船に乗り込み、エジプトに向かうところを見ました。聖なる秘密の知識は白と青の光のエネルギー意識の線でできた巨大な、輝く球体の形をしています。球体の中にはたくさんの幾何学図形が入っています。私は瞑想を続け、エジプトに到着してから現地の文化に従って暮らす人々とコミュニケーションをとるのが困難なところを「見ました」。悲劇が私の目の前で繰り広げられました。球体の中の叡智は「次の世界」のためにみなが理解し、今あるような「エネルギー意識の世界」と共鳴し合って生きるためのものです。エネルギーの世界の美しい叡智が大切なエッセンスを失うのを見て、私は愕然としました。そして、その叡智はいくつかのレベルに簡素化され、石造りのピラミッドとなり、力をもつリーダーたちが次の世界に向かう通路となりました。

この瞑想から数年間、私はこの球体を懸命に探しました。しかし、いつも私の第三の目の前に白い光の線が三本、交差するのが見えるだけでした。三本の線は互いに六十度の角度をとって中心で交差しており、六つの角をもつ六芒星のように見えます。毎年、いらだちが募っていきましたが、探さずにはいられません。理屈では、それは八芒星のはずだとしか思えないのですが、超感覚的知覚で見ると六芒星なのです。これは待つしかない、と思いました……。

では、ヴァレリー・ハント博士の来訪の話に戻りましょう。

ハント博士は堂々たる権威の雰囲気を漂わせ、私のオフィスに入って来てこう言いました。「あなたが知っていることを教えて!」

そこで私はHEFとヒーリングについて話をしました。他の話をするのは気が引けました。

博士はしびれを切らしたように、こう言いました。「だから、あなたが本当に知っていることを教えて頂戴!」

「実は、お互いに過去でどう知り合ったか見るために瞑想をしました」

「そうこなくっちゃ!」と彼女は言いました。

私はおずおずと、叡智の球体の話をしました。博士は私が話しやすいように、続きを促してくれました。それで、私は話し続けました。

私が話し終わると、博士は言いました。「私はどんな服を着ていたか教えて」

私は博士がローブを着ていたことを言いました。そして、一つのひだ飾りのように見える、大きな白い襟が付いていた、と。

「その襟をデザインしたのを覚えているわ」と博士は言うではありませんか！

その後、その日はずっと、私がＨＥＦでしたかったリサーチのことを話し合いました。博士はフィールドを測定する大きな研究室を設ける計画を立てていました。私はとても嬉しく、将来が楽しみになりました。しかし、この分野では資金集めがとても困難です。


私がヴァレリー・ハント博士とお会いして学んだのは次のことです。

1. 私の超感覚的知覚と過去生のリーディングをヴァレリーに確認してもらえたことは、当時の私にとってとても重要な支えになりました。
2. 彼女は同じ分野で活動する人々について、多くの情報をくれました。
3. ヴァレリーは叡智の球体について話しませんでしたが、まったく拒絶をしませんでした。ですから、私は引き続き探そうという気持ちになれました。
4. 超感覚的知覚と科学を組み合わせることについての孤独感が解消されました。

ラッセル・ターグ博士の遠隔透視と超感覚的知覚との比較

数年後、『光の手』を出版した私はニューヨークシティでラッセル・ターグ博士とジェーン・カトラ博士の両名と会食しました。ランチの間、私はターグ博士がモントークにある私の家を遠隔透視する様子を見せていただきました。距離は百四十五キロメートルほどです。博士のフィールドからエネルギー意識の偽足が伸び、開き戸がたくさんある私の家を通っていくのが見えました。

「通ってみたよ！　ガラス張りの家に住んでいるのかい？」と博士は言いました。

「ええ」

とても面白かったので、今度は上の階にある彼らの部屋を透視してみることにしました。ラッセルと私が居間で待つ間にジェーンが何かをバスタブに置くのです。それからラッセルがバスタブに何が置かれたかを「遠隔透視」します。

私は「今は北側から見ていますね。今は下から見ていますね」といったようなことを言いました。彼が見ているものについて私が何か言うたびに、彼はそれが合っていると伝えてくれました。大きさや、バスタブの中で上向きに置かれていることはわかりましたが、それが何かはわかりませんでした。私が主にワークをするのは人や動物であり、物体はあまり扱わないからでしょう。

じっくりと透視をしてからターグ博士はそれがヘアブラシだと言いました。正解でした！

私から見ると遠隔透視に距離は関係なく、超感覚的知覚で遠くのものを知覚するのと同じだとわかりました。私がおこなった遠隔リーディングで最も距離が遠かったのはニューヨークと東京の間です。また、ニューヨークとローマの間でも経験しました。どちらの例も、相手のＨＥＦについての私のリーディングは合っていました。

私がラッセル・ターグ博士とお会いして学んだのは次のことです。

1．ターグ博士が見ている時でも、私にその物体が見えなかったのは興味深かったです。私は人体の内部の臓器や骨や組織を微細なレベルで見ることができます。見ているものの周波数を正確に感知する能力の有無なのでしょう。私は人体の内部を透視する方法を何年も練習しましたが、超感覚的知覚で物体を見る試みはまったくしていませんでした。

2．振り返ってみれば、私は一つ、大きな間違いをしていたようです。私は博士が偽足を物体のどちらの側に向けて伸ばしているかを見ていました。私は博士に見られている物体の周波数ではなく、博士と博士の偽足に周波数を合わせていたのです。

3．心霊的な偽足とは、私にとってそれがアメーバの偽足のように見えるため、そう呼んでいます（心霊的な偽足とは超感覚的知覚で対象物を観察する時に自分のHEFから伸ばす、波状のようなエネルギーを指します。空間の中で情報が通り抜けてくる虫食い穴、ワームホールのようなものと捉えることもできます）。

付録の復習　HEFと超感覚的知覚の観察

1．自分の超感覚的知覚を他の人と比較して、どのような体験をしましたか？

2．偽足やワームホールを使い慣れていますか？　あなたにとって、それはどのようなものですか？

3．それによって、どのように超感覚的知覚に自信が得られましたか？

4．自分のHEFについての体験を友だちやクラスメイトと比較してみましょう。他の人たちはどのように確認をとっているでしょうか？　どのように異なっていますか？　その違いから導き出した結論は？

5．情報を識別して役立てる時に、自分の背景をどう活かしていますか？　他の人が自分の実体験をどう活かしているかも見てみましょう。あなたの方法との違いは？　お互いを否定せず、異なる情報を合わせると、どのように完全に近づくでしょうか？　ホログラムの中で、一人ひとりが独自の焦点をもっています！

訳者あとがき

本書『コアライトヒーリング（原題：*Core Light Healing: My Personal Journey and Advanced Healing Concepts for Creating the Life You Long to Live*）』はバーバラ・アン・ブレナン博士の第三作目の著書として二〇一七年に刊行されました。時を経て、読者の皆様にこの日本語版をお届けすることができ、心から嬉しく思います。

漆黒の闇、ベルベットの虚空から出現するコアライトは創造を生み出す存在の光。時空を超越し、生も死も超越して自らを癒し、世界を癒す――本書は圧倒的で壮大なスケールの世界観を説く一方で、森や湖で幼少期を過ごしたバーバラの生い立ちや実体験も織り混ぜられた、親しみやすい著作と言えるでしょう。オリジナルの副題を訳せば「私がたどってきた旅路と、あなたが生きたいと切望する人生を創造するための上級ヒーリングのコンセプト」となりますが、本書から伝わる宇宙的な広がりを考慮して、日本語版の副題を「究極の光の手」とする運びとなりました。

著者バーバラ・アン・ブレナンは一九三九年生まれ。物理学者として米国航空宇宙局

（NASA）に勤務した後に人間のエネルギーに注目し、自ら心身のトレーニングと学びを重ねてヒーラーになりました。初の著作 *Hands of Light: A Guide to Healing Through the Human Energy Field* は現在までに二十二か国語に翻訳されており、日本では『光の手――自己変革への旅（上・下）』として一九九五年に河出書房新社から刊行。当時はこうしたヒーリングに関する書籍は、極めて専門性の高い版元から特定の読者向けにしか出ていなかったところ、一般の読者向けに総合出版社から刊行されたことも大きな話題となり、毎年毎年、読者の数を増やして四半世紀が経ちました。

この日本語版は近年、入手が困難な状態が続いていましたが、その経緯や今後の展望については後ほど、訳者の体験を交えて述べさせていただきます。

生体エネルギーフィールドの仕組みを説いた『光の手』と、エネルギー意識にある傷が生む防衛と人間関係のパターンの癒しに焦点を当てた次作『癒しの光――自己ヒーリングへの旅（上・下）（原題：*Light Emerging: The Journey of Personal Healing*）』（一九九七年に河出書房新社より刊行）では、懐疑的な見方も多い「オーラ」の存在やスピリチュアルな概念が、科学者としての著者バーバラの視点を交えて体系的に論じられています。その体系は論理的で説得力があり、全世界の読者の支持を得てロングセラーになったのも不思議ではありません。また、ヒーラーとしてのバーバラ自身の体験に基づく見解や、彼女に「見える」ものが絵や文章で紹介されていますから、関心のある読者はますます好奇心をかき立てられ、もともと感覚が繊細で鋭い読者にとっては自身の「超感覚的知覚」に対する理解が深まり、心強い指針となるでしょう。

第三作目の本書では、私たちの存在を四つの次元――肉体、オーラ、ハラ、コアスター

――として包括的に捉えた上で、時間や物理的な距離を超えたエネルギー意識の世界へと読者をいざないます。物質界を超えたアストラル界へと話題が移ってからは、めくるめく大冒険さながらの読書体験を得ていただけることでしょう。魔術や地球外生命体、肉体の死後に体験するエネルギー意識の旅など、タブーとされがちな話題にも切り込んでいます。

訳者は中学生の頃に合気道と出会い、大学で臨床心理学を専攻した背景からバーバラ・ブレナンの著書の素晴らしさに魅了されました。ある日、米国での休暇を終えて移動する飛行機の中で『癒しの光』の原書を読み耽っていたところ、隣の席の紳士に「あなたは医者ですか？　それはいい本だ！」と英語で話しかけられました。私は医者ではないけれど、ヒーリングの技術を学んで実践すれば、何かのお役に立てるかもしれない――そう気づいたのは、その時です。バーバラの理論や技術は病を患う人々だけでなく、芸術家やアスリートにも役立つと思う、といった話で紳士と会話が弾み、名刺を交換すると、彼はモンゴルの柔道連盟の副会長だとわかりました。お礼に本を差し上げ、乗り継ぎの空港に降りた時にはすでに、訳者はバーバラの学校で学ぶ決心がついていました。

ここからは、二〇一六年にバーバラ・ブレナン・スクール・オブ・ヒーリング（BBSH）に入学した訳者の視点からお話しすることをお許しください。本書の原書が刊行されたのは、ちょうど訳者が二年生になろうとしていた時です。早速入手して読み、アストラル界についての詳しい解説がありがたく、また、人間関係の中でしばしば起きる「エモーショナル・リアクション」についても、原書を何度も読み返して理解に努めたものです。

その頃、BBSHもまた、大きな転機を迎えていました。創設者バーバラ・ブレナンがスクールの所有権の譲渡を希望し、同校の卒業生で教師のリサ・ヴァン・オストランドとドナ・エヴァンス・ストラウス、ローリー・キーンの三名がオーナーとなり、運営からプログラムの監督や実施を担当。まもなくイギリスとフランス、米国カリフォルニア州やニュージャージー州にも分校が新設されました。学生数が増え、さらに他の国や地域にも拠点ができそうに思えた二〇二〇年初頭、また別の転機が訪れました。新型コロナウイルスCOVID－19が世界規模で感染拡大したのです。

渡航が制限され、ソーシャルディスタンスが求められる中、BBSHの「レジデント・トレーニング」（年に五回、開催地に集まって一週間の実践的な訓練や座学をします）は開催が不可能な状況に追い込まれました。クラスの全員が輪になって丹田やハラインを鍛えるエクササイズも、手を当てておこなうハンズオンヒーリングの実習もできません。しかし、ここでBBSHは再び、大きく舵を切ることになります。トレーニングをオンラインによる遠隔授業に切り替え、その年度のプログラムを中断することなく継続したのです。これは、卒業を目前に控えた訳者にとって、非常にありがたいことでした。

ヒーリングの実習は「リモートトヒーリング」、つまり遠隔ヒーリングのみ。身体的なふれあいがなく、寂しさや物足りなさも否めませんが、エネルギー意識の理論上、トレーニングは何の問題もなく成立するはずです。ハラを整えればプロセスワークのディスカッションも深いレベルにまで到達できます。訳者が属するクラスはBBSHのオンライン履修を経た初の卒業生となりました。BBSH日本校の開校が決定したのは、その後まもなくです。日本語で学べるオンライン授業は二〇二一年三月より始まり、将来的には従来のようなレジデント・トレーニングも日本国内で開催される見込みです。

実は、BBSH日本校は二〇〇七年に一度開校し、わずか三年ほどで中断を余儀なくされた過去があります。当時はバーバラ・ブレナン本人も来日して指導にあたっていたそうです。日本校の再開を待ち望む声は静かに、根強く、訳者のもとにも届いていました。肉体としてのバーバラは引退し、現場に来ることはもうありませんが、その代わりに、さらに大きなエネルギー意識で世界を包んでくれているかのようです。ＢＢＳＨが新たな形態で「リモート時代の幕開け」と共に進み出したこと。そして、時を同じくして本書の刊行が実現したことも、バーバラが創造したものが消えることなくすべての中に存在し、神聖なる宇宙の正確なプランに従い、具現化したかのように思えます。さらに、既刊『光の手』と『癒しの光』も順次、新訳および新装版としてお届けする気運となっています。

バーバラの三部作はヒーラー向けの教科書として完成度が非常に高いものですが、多くの専門用語が登場し、読み物としてはやや難解かもしれません。それでも、関心をもってお手に取っていただけたということは、内面にある傷の癒しを求めるタイミングでもあるかもしれません。本書との出会いをきっかけに、実際にヒーリングを受けたり、実践の練習をしたりする段階に進むと、エネルギー意識はさらに大きく動き出すでしょう。ヒーラーによるセッションをお受けになる場合はもちろん、ＢＢＳＨのような学校で、多数の学生たちが集う場での実践的な授業においても、自らの中にとらわれたエネルギーが刺激を受けて放出されます。それは悲しみや怒り、落胆や拒絶といった、いわゆる不愉快で「ネガティブな」反応かもしれません。でも、ヒーリングセッションの場や教室では、それも「ただのエネルギー」として理解され、深い思いやりの態度で受容されます。話すことはささいなことでも、エネルギー意識はダイナミックに脈動していますから、肉体的にもぐったりと疲れ、ひたすら眠りたくなる時期もあります。訳者はそのような体験をくり返し、新たなバランスへと向かうサイクルを経てきました。

それでも、内面の傷をめぐる心理や防衛のパターンが魔法のように消えるわけではありません。訳者もバーバラのガイド、ヘヨアンが指摘するように「これじゃなんにも変わらないじゃないかと思う時」がよくあります。癒しへの道は「スパイラル」、つまり、らせん状に進むのですから、あたかも堂々巡りをしているかのように感じられるのでしょう。そのぐるぐるとした渦の中から、不思議な喜びがふいに飛び出す瞬間もあるものです。「なあんだ、私は子どもの頃からちっとも変わっていない」とほほえむ時は、永遠の生命に気づく時。それもまた、存在のコア――コアライトと共にあるのを感じる時かもしれないな、と思います。日々、ヒーラーとしてクライアントの皆様とご一緒させていただきながら、訳者もまた癒しへの道を歩み続けています。


本書の翻訳については正確性を重視して原文を一言一句すべて訳出し、その後、和文としての読みやすさを重視して大幅に書き直しをいたしました。段落の中で複数回出てくる専門用語などを一部削除し、和文の表現を調整した箇所もございます。読み物としてスムーズに主旨をつかんでいただく意図として、何卒お許しください。

また、原稿の準備段階ではコンピューターの音声入力を使用いたしました。その際に、「ヘヨアン」だけは何度試しても違う単語に変換され、ついに訳者が涙してしまったことは、皆様にお伝えしておきたいと思います。と言っても、作業が難航したからではありません。訳者がマイクに向かって一音ずつ「へ、よ、あ、ん！」と切って言っても、やっぱりＰＣの画面に出る文字は、究極の光の手が指し示す、こんな言葉だったからです。

「平和」

最後になりましたが、本書の編集者として、株式会社みにさん・田中優子事務所の田中優子様にはたいへんお世話になりました。訳者のことを覚えていてくださり、BBSH卒業と同時にお声をおかけくださいましたことに心からお礼申し上げます。また、河出書房新社編集部の島田和俊様ほか校正、製作部のみなさま、デザインご担当の永松大剛様をはじめ、本書の制作にお力添えを賜りましたすべての方に感謝いたします。また、日本語版刊行に際してBBSH執行役員であり学長のリサ・ヴァン・オストランド先生と事務局デニス・モロ女史をはじめ、多くの教師やスタッフ、同窓生の方々からご支援をいただきました。この場をお借りして、感謝の言葉を述べたいと思います。ありがとうございました。

二〇二一年二月八日

シカ・マッケンジー

参考文献

研究出版物（NASA ゴダード宇宙飛行センター）

Sparkman (Brennan), B. A . "A Method to Correct the Calibration Shift in Nimbus Medium Resolution Infrared Radiometer, on the NASA Convair-990."NASA X-622-67-37.

Sparkman (Brennan), B. A., and G. T. Cherrix. "Simultaneous Cloud ALBEDO Measurements Taken with Airborne Sol-A-Meters and Nimbus II Orbiting Medium Resolution Infrared Radiometer." NASA X-622-67-49.

Sparkman (Brennan), B.A.,and G.T.Cherrix. "A Preliminary on Bidirectional Reflectance of Strato Cumulus Clouds Measured with an Airborne Medium Resolution Radiometer." NASA X-622-67-48.

Sparkman (Brennan), B. A., and G.T. Cherrix, and MS.Tobin. "Preliminary Results from an Aircraft-Borne Medium Resolution Radiometer." NASA X-622-67-445.

Brennan, B. A. "Bidirectional Reflectance Measurements from an Aircraft over Natural Earth Surfaces." NASA X-622-68-216.

研究出版物（その他の機関）

Brennan, B., and W. R. Bandee: "Anisotropic Reflectance Characteristics of Natural Earth Surfaces." Applied Optics 9, no. 2 (1970).

Conaway, J., B. Conrath, B. Brennan, and W. Nordberg: "Observations of Tropospheric Water Vapor Contrasts near the ITC from Aircraft and Nimbus III During BOMEX." Presented at the 51st Annual Meeting of the American Geophysical Union, April 20-24, 1970: Washington, D.C.

Dobrin, R., B. Brennan, and J. Pierrakos. *Instrumental Measurements of the Human Energy Field*. New York: Institute for the New Age, 1978. Presented at Electro'78, the IEEE annual conference: Boston, 1978.

Dobrin, R., B. Brennan, and J. Pierrakos. New Methods for Medical Electronics Diagnosis and Treatments Using the Human Energy Field.Presented at Electro'78, the IEEE annual conference: Boston, 1978.

書籍

Brennan, Barbara Ann. *Hands of Light: A Guide to Healing Through the Human Energy Field*. New York: Bantam Books, 1988.（『光の手（上・下）』河出書房新社刊、1995）

Brennan, Barbara Ann. *Light Emerging: The Journey of Personal Healing*. New York: Bantam Books, 1993.（『癒しの光（上・下）』河出書房新社刊、1997）

Brennan, Barbara Ann. *Seeds of the Spirit*. Boca Raton, FL; Barbara Brennan Inc., published each year. 1998-2009.Each year a Seeds was channeled by Barbara Brennan. The 2008 Seed is translated into Japanese; the 1998 into Spanish, as Semillas del Espiritu.

Barbara Ann Brennan:
CORE LIGHT HEALING

Originally published in 2017 by Hay House Inc., USA

Japanese translation rights arranged with Hay House UK Ltd
through Japan UNI Agency, Inc., Tokyo.

www.barbarabrennan.com

コアライトヒーリング　究極の光の手（下）

2021年3月20日　初版印刷
2021年3月30日　初版発行

著者　バーバラ・アン・ブレナン
訳者　シカ・マッケンジー
装丁　永松大剛
発行者　小野寺優
発行所　株式会社河出書房新社
電話　03-3404-1201（営業）03-3404-8611（編集）
〒151-0051 東京都渋谷区千駄ヶ谷2-32-2
http://www.kawade.co.jp/
印刷　中央精版印刷株式会社
製本　大口製本印刷株式会社

Printed in Japan
ISBN978-4-309-30003-0